100 PODEROSOS IMPULSOS POSITIUS PER VIURE MILLOR

Dr. EDUARD CRIADO

100 PODEROSOS IMPULSOS POSITIUS PER VIURE MILLOR

ÀREA

Primera edició: octubre de 1994
Projecte gràfic: Ricard Badia & Associats
Disseny de la coberta: Víctor Contijoch

Columna Edicions, S. A.
Carrer Provença, 333 - 08037 Barcelona
ISBN: 84-7809-724-4
Dipòsit legal: B. 33.325-1994
Fotocomposició: FET-B
Carrer Navas de Tolosa, 259 - 08026 Barcelona
Imprès a Hurope, S. A.
Carrer Recared, 4 - 08005 Barcelona

Pròleg

Amic lector:

Diuen que, ara fa anys, durant l'acte inaugural de les noves obres d'un important port, poc abans de la cerimònia, una de les persones assistents va caure a la mar, per la qual cosa es va originar una gran confusió.

El públic quedà sorprès en veure com un pobre home maldava per sortir de l'aigua demanant auxili, perquè no sabia nedar. Ningú s'encoratjava a ajudar-lo. Passats uns moments d'incertesa, un dels presents saltà a l'aigua i agafà l'infeliç angoixat. Arribà una barca i tots dos foren recuperats.

El salvador, en aquell moment, rebé tota classe de felicitacions i enhorabones. Diuen que, quan pogué parlar, féu aquest comentari:

—M'agradaria saber qui fou el que em va donar l'empenta.

En aquest fet, explicat a voltes com una anècdota divertida, sempre m'ha semblat veure una conseqüència positiva. El fet és que aquell que dubtava de saltar, quan es trobà dins l'aigua va treure les forces necessàries per salvar a qui, en principi, no s'atrevia a ajudar.

Un fet similar ens pot succeir alguna vegada. Tot i tenir les forces i les aptituds suficients per dur a terme una cosa, no ens atrevim a llançar-nos a l'aigua.

La intenció d'aquest llibre és que vostè trobi, entre els cent impulsos que li ofereixo, iniciatives cordials que l'ajudin a fer aflorar una energia latent, una potència interior, una força personal que l'ajudin a afrontar amb més seguretat els seus problemes i a emprendre amb una major confiança els seus objectius actuals i futurs.

Aquest és el tercer volum de la col·lecció que he intitulat «impulsos positius», recopilació d'estímuls que pretenen potenciar els valors que tots tenim retinguts. L'he titulat 100 poderosos impulsos positius per viure millor.

El qualificatiu de «poderosos» no solament valora el poder que intenten imprimir sinó també aquella força que tenim dintre nostre i que, a voltes, un petit impuls, una crida, una inspiració a la nostra actitud donada en un moment oportú, ens ajuda a aconseguir allò que després, a nosaltres mateixos, ens sembla impossible haver pogut realitzar.

I amb això res no dic que vostè mateix no hagi experimentat. Estic convençut que, en algun moment de la seva vida, dubtà, abans de decidir-se a prendre una determinació, però hi hagué algú —un familiar, un amic o un conegut que li volia bé— o quelcom —una música, un llibre, un paisatge, un exemple— que el va impressionar i gràcies a ell rebé un impuls capaç de dur a terme aquell primer pas que avui el congratula. He tingut l'oportunitat de ser testimoni de casos similars durant els anys en els quals he treballat en la formació de milers de persones.

Aquest llibre que vostè es proposa començar a llegir conté cent capítols d'un parell de pàgines cadascun. Tots ells són impulsos positius diferents, recolzats amb exemples, incidents, anècdotes, cites cèlebres, proverbis, sentències i adagis de tot el món.

Hi trobarà opinions de personatges famosos citats pels mateixos autors, en altres llibres, com poden ser Goethe, Rabindranath Tagore, Shakespeare, Confuci i Horaci. També ens han facilitat el seu criteri, entre altres figures, Calderón de la Barca, Azorín, Baudelaire, Longfellow i Tayllerand.

Alguns impulsos són fruits extrets de la vida de Pablo Neruda, Joan XXIII o del rei Bruce d'Irlanda. Altres, d'antigues llegendes com la de la casa dels condemnats d'Al·là, de la llàntia d'Aladí, de l'Acadèmia del Silenci de l'antiga Grècia o de la història hindú del Gran Secret de la Felicitat.

També coneixerem com Galileu refutà una idea d'Aristòtil, què pensava Stanley mentre cercava el doctor Livingstone, els somnis d'uns negres del Mississipí i de quina manera una nena despertà el desig de l'inventor de la màquina de fotografiar «Polaroid».

Un impuls positiu pot estar inspirat, tant per causa de dos errors en el text de la Declaració d'Independència dels Estats Units, com per una anècdota de l'escriptora Colette o per una opinió del general Hindemburg.

Veurem com unes seqüències de la pel·lícula Capitans Intrèpids o Algú volà sobre el niu del cucut, foren font d'inspiració com també ho foren les opinions d'humoristes com Chesterton, Bernard Shaw o Jardiel Poncela.

Tot això ho veurem dins aquest entreteixit d'impulsos positius, entre els quals també figuraran romanços i poemes del propi autor, com els dedicats a l'Ombú de l'Argentina, als Jocs Olímpics o a l'edifici de l'Empire State.

No puc acabar aquest pròleg sense reproduir un pensament, escrit pel nostre admirat i respectat escriptor Goethe, el qual sembla pensat expressament per invitar-lo a treure el major profit d'aquests «poderosos impulsos positius».

Diu així: «Totes les idees veritablement sàvies han estat sentides i pensades milers de vegades; però per poder-les fer realment nostres, hem de pensar-les novament amb honradesa fins que posin arrels dins la pròpia experiència personal».

Seguim aquest savi consell. En aquest llibre hi ha recollides «moltes idees escoltades i pensades milers de vegades». Intentem fer-les nostres.

Amic lector, consideri aquest llibre com un conjunt de suggeriments amicals. Animi's a fer-los vius amb la seva acció. Transformi'ls en quelcom real, dins d'aquesta meravellosa aventura que és la seva pròpia existència.

Cada impuls positiu és únicament un projecte fet de paraules impreses sobre el paper. Busqui aquells que millor encaixin amb les possibilitats de la seva personalitat i planti'ls dins la pròpia vida «fins que arrelin dintre la pròpia experiència personal».

Aquest és l'objectiu que li ofereix aquest llibre. És desig de l'autor que vostè arribi a assolir-lo.

No vull acabar aquesta introducció sense agrair profundament la col·laboració del meu bon amic Joan M. Aragonès; gràcies a ell he pogut dur a terme la versió catalana d'aquesta obra meva.

Dr. EDUARD CRIADO

Recollim sempre les molles!

DEIXEM NETA LA TAULA. AQUEST ÉS EL CAMÍ.

CONTEN que, una vegada, en un monestir budista, un dels monjos joves, més o menys com «la petita llagosta» de la sèrie de Televisió Kung Fu, demanà al seu guia:

—Mestre, jo encara sóc un novici. Ensenyi'm el camí.

A aquesta pregunta el mestre respongué senzillament:

—Has acabat d'esmorzar?

—Sí. He acabat el meu esmorzar.

—Llavors, vés i recull les molles.

El jove monjo ho comprengué.

Sí, amic lector. La lliçó del mestre fou ben senzilla. El camí consisteix a fer bé les coses ordinàries i periòdiques que, diàriament, a cada moment és oportú realitzar per tal que tot es mantingui net, amb humanitat, equilibri i dintre un ordre.

Aquest és el camí. Fer una cosa després de l'altra, pas a pas, realitzant allò que, a cada moment, ens correspon fer.

A casa: fer els llits, preparar el menjar, desparar la taula.

Al despatx: ordenar el material, rebre la correspondència, participar en una reunió.

Sempre i en tot lloc, fer el que s'hagi de fer. Una cosa rera l'altra. Una sola cosa cada vegada. La que correspongui. I ben feta, per senzilla que sigui, com pot ser recollir les molles de pa després de l'esmorzar. Aquest és el camí.

Sí, amic lector. Seguim aquest impuls positiu:

RECOLLIM SEMPRE LES MOLLES!

Deixem neta la taula. Aquest és el camí.

Freguem la nostra llanterna màgica!

EL GENI NOMÉS APAREIXERÀ SI ACTUEM.

Jo crec que la llanterna màgica d'Aladí, que la vella llegenda ens diu que va existir, encara funciona.

Expliquen, tots ho sabem, que el príncep Aladí va trobar una llanterna meravellosa de la qual, quan es fregava per tal de deixar-la neta i brillant, en sortia un geni que, amb el seu especial poder, feia realitat tots els desitjos que Aladí tingués. Això succeïa cada cop que la fregava.

Això també succeeix avui, amic lector. Cadascú de nosaltres tenim una llanterna meravellosa, dintre de la qual s'amaga un geni amb un gran poder. El que succeeix és que no tenim fe en aquest geni. Tanmateix, més d'una vegada l'hem experimentat dintre nostre, desitjós de sortir. Aquest geni s'anomena «capacitat d'acció».

Sí. Aquesta és la nostra llanterna. La nostra pròpia capacitat retinguda, que solament funciona si nosaltres mateixos la posem en marxa.

És per això que l'exemple de la llegenda que ens diu que perquè el geni surti, cal fregar la llanterna, resulta una analogia molt adequada.

Això ens recorda el pensador Carlyle quan diu: «Força, força, força per tot arreu. Nosaltres som una força misteriosa al centre del món».

Més d'una vegada hem experimentat aquesta força latent dintre nostre i, a voltes, l'hem posada en marxa en iniciar la nostra activitat, en fregar la llanterna. Aquest primer pas ha creat en nosaltres un efecte màgic que ens incita a seguir, i, a poc a poc, ha aparegut el geni, la nostra «capacitat d'acció», aquesta força retinguda, gràcies a la qual hem aconseguit els nostres anhels.

Tal com el tractadista Mandsley ens deixà dit, «els nostres anhels, les nostres aspiracions, freqüentment, són profecies i cada persona està en condicions de convertir-los en realitats».

«Sabem el que som —ens assegura Shakespeare— però hauríem de saber allò que podem ser».

Per això, només hem de fregar la nostra llanterna màgica. El geni, amagat, de la nostra «capacitat d'acció» ens dirà allò que podem ser.

Sí, amic lector. Seguim aquest impuls positiu:

FREGUEM LA NOSTRA LLANTERNA MÀGICA!

El geni només apareixerà si actuem.

Seguim quan calgui!

I SI S'HA DE SALTAR... SALTEM.

TOT caminant per la vida, en qualsevol moment, pot sorgir un impuls positiu en una anècdota divertida, en la seqüència d'una pel·lícula o entre les pàgines d'una obra literària, fins i tot en un proverbi, en una cita d'un personatge famós o en un refrany del poble senzill. També la mateixa natura ens dóna missatges de coratge i de confiança, en forma de cascada. És el cas de l'Iguazú, l'impuls positiu del qual, transformat en romanç, ens anima a posar acció, força i entusiasme en tot el que fem.

Per Iguazú és conegut,
a la selva americana,
un riu que generosament
banya unes terres verdes.
Del Brasil al Paraguai
navega sa estela blanca
i reposa a l'Argentina
en el riu dit de la Plata.
En un racó del seu jaç
—el mateix on s'explica
que el Diable batejà
profund i ample congost—
les aigües de l'Iguazú
creixen i es tornen braves
i, fermes de si mateixes,

a l'espai es llancen
mentre sonen els timbals
despertant-se les muntanyes
pel sol poder contemplar
i l'arc iris *amb cascada.*

Aquest riu del qual us parlo,
amb la seva pròpia veu,
vol donar-nos un missatge
de valor i de fiança,
escampant-lo a tot el món
en la forma de cascada,
per després, allà en el pla,
seguir serena la marxa.
Com l'Iguazú, caminant,
que en el prat i a la muntanya
atzarosa vida dus,
marca ferma la petjada.
Decisió, fe i entusiasme
posa en tot allò que fas
i accepta el repte del canvi
que estimuli el teu marxar.

Se segueix quan cal seguir
i es salta quan cal saltar,
que al final del camí hi ha
el nostre Riu de la Plata.

Sí, amic lector. Aprofitem aquest impuls positiu:

SEGUIM QUAN CALGUI!

I si s'ha de saltar... saltem.

Mantinguem activa la nostra vida!

ELS NOSTRES MOTORS FUNCIONARAN ALEGRES.

LEOPARDI deixà dit: «Només una vida que està ocupada contínuament podem dir que és una vida feliç».

Els enginyers, quan un motor funciona bé, a gran velocitat, és a dir quan marxa a ple rendiment, tenen una expressió que, d'alguna manera, ens recorda la frase de Leopardi. Diuen: «Funciona amb alegria». I això és cert. Ens succeeix a nosaltres quan el ritme de treball encaixa amb una ocupació que ens invita a moure'ns amb promptitud i a donar-nos amb tota la nostra capacitat. Sí, amic lector, quan en el treball marxem a ple rendiment funcionem amb alegria.

Així mateix, veient l'altra cara de la moneda, il·lustres pensadors ens han fet veure l'aspecte negatiu de la inacció.

Ovidi deixà escrit: «L'oci corromp el cos humà igualment que les aigües quietes i estancades es corrompen».

Sèneca va escriure: «Estar en oci molt prolongat no és oci; es peresa». I això és cert, encara que el descans és necessari per trobar, amb el fruit del treball, la satisfacció d'haver-lo realitzat, ja que no en va després de la tibantor del que resta per fer, arriba la pau del que s'ha fet.

I resumint aquesta visió negativa de la inacció, d'una manera dura i inexorable el nostre sempre admirat filòsof Goethe arribà a dir-nos: «Una vida ociosa, en el fons, és una mort anticipada».

Evitem, doncs, caure en aquesta trampa de la inacció i seguim aquest impuls positiu:

MANTINGUEM ACTIVA LA NOSTRA VIDA!

Els nostres motors funcionaran alegres.

Donem un bon cop de cisell... cada vegada!

L'ARA! ÉS EL MOMENT MÉS IMPORTANT.

RECORDO que ja fa molts anys vaig tenir per professor un gran pensador, el doctor Font i Puig, home d'un agut sentit de l'humor, el qual despertava un gran interès, per la seva vasta erudició, i per unes sortides inesperades, mai exemptes del sentit de l'humor. Una vegada inicià la classe, davant d'un grup de nois de vint anys, tot mirant-nos amb picardia i dient-nos, en veu baixa:

—Avui parlarem de dones... —i canviant el to—: i d'homes. Parlarem de psicologia.

Un dels acudits que em quedaren més gravats fou quan, referint-se a la gran qualitat artística de Miquel Àngel, ens digué:

—El David, una de les obres més belles, la féu Miguel Àngel amb un sol cop de cisell.

Davant la nostra estranyesa, després d'un llarg silenci continuà:

—I després... un sol cop de cisell i després... un altre i... un altre. L'esculpí donant un sol cop de cisell... cada vegada.

Moltes vegades he recordat aquesta anècdota de la qual podem deduir que:

—Posem atenció a allò que fem.

—L'ara és el moment més important.

—Cadascú és l'escultor d'ell mateix.

Sobre aquesta darrera idea han abundat diferents pensadors.

Expliquen que el mateix Miquel Àngel va dir: «Quan creo les meves escultures, les analitzo "traient núvols" per poder descobrir l'obra que dorm dins el bloc de marbre». Bella expressió per remarcar la idea que som nosaltres mateixos els qui, en la nostra vida, ens anem construint.

Crec, però, que qui millor expressà aquesta idea fou Alexis Carrel, amb un pensament senzill i clarificador. Digué: «L'home, tota persona, no pot fer-se sense sofriment, ja que ell és, alhora, el marbre i l'escultor».

Donem, doncs, un bon cop de cisell cada vegada, procurant que sigui amb molt de seny, com si es tractés de tallar un diamant amb la més gran perfecció, amb el més gran encert, sigui la que sigui, l'obra que realitzem, ja que, en fer-la, estem esculpint la nostra vida.

Sí, amic lector. Seguim aquest impuls positiu:

DONEM UN BON COP DE CISELL... CADA VEGADA!

L'ara! és el moment més important.

Tirem l'ham a l'aigua!

EN LLOC D'ENVEJAR ELS QUI ESTAN PESCANT.

CONTEN que, una vegada, un noi contemplava amb mirada trista uns pescadors de canya que tornaven del riu carregats de peixos. Envejós exclamà:

—Jo seria molt feliç si pogués tenir tants peixos com ells.

Un dels que estaven pescant, va sentir el noi i li digué:

—Si vols jo puc donar-te un consell per aconseguir ser feliç, amb molts peixos.

—Amb molt de gust. Què he de fer?

—Procura mantenir la canya dins del riu, mentre jo vaig a fer un encàrrec.

Cortesament acceptà l'encàrrec i poc després comprovà que els peixos començaven a picar. Quan tornà el pescador li digué:

—Aquests peixos són teus. Els has pescat tu, però el més important és el que has après, oi?

El noi assentí.

—Efectivament. He après molt bé la lliçó. Quan veiem que els altres aconsegueixen allò que nosaltres necessitem, no malgastem el temps desitjant-ho. Cal llançar l'ham a l'aigua i procurar pescar nosaltres mateixos.

Amic lector. Cadascú té el seu propi riu i la seva pròpia manera de pescar. Només cal llançar l'ham a l'aigua. Només així podrem aconseguir peixos. I llançar l'ham significa moure's, actuar, fer gestions, negocis, assumptes, intentar una i altra vegada, fins que piquin, com diu el vell refrany espanyol: «Qui vulgui peix que es mulli els peus».

Sí, amic lector. Seguim aquest impuls positiu:

TIREM L'HAM A L'AIGUA!

En lloc d'envejar els qui estan pescant.

Siguem com el rierol!

EVITEM SER AIGUA ESTANCADA.

UN escriptor anònim, amb el títol *L'acció de l'home* ens deixà uns pensaments, analogia entre l'acció i el corrent d'un rierol que, en forma d'impulsos positius, reproduïm avui per continuar mantenint el nostre esperit dins l'alegre corrent de l'acció.

Diu així:

«El rierol marca el seu camí a través del peu de la muntanya, topant amb durs i sòlids obstacles, però sempre troba la manera d'evitar-los tot fent brillar la seva resplendor platejada a l'ombra o al sol, mentre cantant s'esmuny, ràpidament, saltant en el seu camí vers la mar, sense un instant de peresa o distracció... Això és acció!».

Comparem aquest rierol, ple d'acció, amb la bassa bruta plena de llot i herbotes, a la qual ningú no vol atansar-se.

Fixem-nos, per contrast, en la persona sempre activa que va marcant el seu camí a través de les dificultats de la vida, amb un somriure alegre als llavis que ens recorda el murmuri del rierol. Perseverant travessa les roques sòlides que abans li semblaven gegants que arribaven fins al cel, però que el temps ha gastat. Corrent sempre endavant fins aconseguir el mar de l'èxit.

Sí, amic lector. Siguem com el rierol, tal com ens recomana el poeta Schiller: «No miris enrera, no serveix per a res. Dirigeix-te sempre endavant; no jutgis, prepara't per actuar».

I si algú dubta de l'acció, que coincideixi amb el judici de Disraeli quan diu: «L'acció no sempre dóna la felicitat, però no hi ha felicitat sense acció».

Seguim, doncs, aquest impuls positiu:

SIGUEM COM EL RIEROL!

Evitem ser aigua estancada.

Cantem sota la pluja!

QUE EL MAL TEMPS NO CANVIÏ EL NOSTRE BON HUMOR.

AL seu dia va ser molt popular i actualment està considerada com una de les cintes més assenyalades del cinema. Em refereixo a la pel·lícula *Cantant sota la pluja*. L'escena més característica és aquella en la qual Gene Kelly, el protagonista de la història, interpreta el número musical que dóna títol a la pel·lícula.

En ella el veiem, ballant i cantant, deixant-se xopar per la pluja abundant que va caient. I apareix feliç, joiós, satisfet. Està enamorat i no el preocupa el fet que estigui plovent. L'alegria que té és dintre seu. Els agents exteriors no poden canviar-la.

Un fet semblant m'ocorregué, ara fa uns anys, amb el meu amic Duncan. Havíem previst sortir junts d'excursió, en família, però el dia apuntà nebulós. El vaig telefonar a l'hotel on s'allotjava, fent-li saber el mal temps que feia i preguntant-li si desitjava, malgrat tot, fer la sortida prevista.

Recordo que em contestà: «Eduard, permetrem que el mal temps destrueixi un dia feliç que podem passar junts?».

Férem l'excursió i ens ho passàrem molt bé, malgrat les males condicions atmosfèriques. Aquell dia, vam cantar molt de gust sota la pluja.

No, amic lector. No permetem que les circumstàncies externes condicionin el nostre estat d'ànim interior.

Quan a Buenos Aires algú pregunta per Carlos Gardel, és molt popular la resposta que rep. Li diuen: «Cada dia canta millor!».

Sí, amic lector, cantem millor cada dia, plogui o faci sol, diluvïi o pedregui.

Seguim cantant sempre perquè, com digué William James:

No cantem perquè ens sentim feliços.

Ens sentim feliços perquè cantem.

La nostra cançó ens farà impermeables a la pluja de les preocupacions.

Sí, amic lector. Seguim aquest impuls positiu:

CANTEM SOTA LA PLUJA!

Que el mal temps no canvïi el nostre bon humor.

Que els nostres obsequis reflecteixin el nostre afecte!

EL SEU RECORD PERDURARÀ COM UN REGAL PERMANENT.

AVUI extraiem de l'obra de Pablo Neruda una escena de la seva infantesa, la qual valora la importància d'un objecte com a missatge d'un sentiment d'amistat. Diu així:

«Recordo que, una vegada, essent infant, vaig trobar un forat en la tanca de fusta de casa meva. Vaig mirar pel forat i vaig veure un terreny com el de casa, erm i salvatge. Em vaig enretirar unes passes perquè vagament sabia que passaria alguna cosa. De sobte aparegué una mà. Era la mà petita d'una nena de la meva edat. Quan vaig atansar-me la mà ja no hi era i en el seu lloc hi havia un petit be blanc.

«Era un be de llana destenyida. Les rodes sobre les quals lliscava havien desaparegut. Mai no havia vist un be tan bonic. Vaig anar a casa meva i vaig tornar amb un regal que vaig deixar al mateix lloc: una pinya de pi mig oberta, olorosa i balsàmica que jo m'estimava.

»Mai més no vaig veure la mà de la nena. Mai més no he tornat a veure un be com aquell —ens diu Neruda—. El vaig perdre en un incendi. I encara avui dia, durant aquests anys, quan passo davant d'una casa de joguines, miro furtivament les vitrines. És inútil. Mai més no s'ha tornat a fer un be com aquell».

Un pensament bonic, el de Pablo Neruda, per valorar aquest impuls positiu que ens recorda un refrany popular: «Cal sembrar cors si vols collir cors».

Sí, amic lector:

QUE ELS NOSTRES OBSEQUIS REFLECTEIXIN EL NOSTRE AFECTE!

El seu record perdurarà com un regal permanent.

Siguem sempre afeccionats!

NO HEM DE PERDRE MAI L'AMOR PER TOT EL QUE FEM.

DINS l'ambient teatral és molt coneguda l'expressió «Teatre d'afeccionats» que s'aplica als grups que es formen en associacions, agrupacions artístiques o entitats culturals, per tal d'interpretar obres teatrals, participant d'una forma altruista, sense esperit de lucre.

El concepte d'«afeccionat» moltes vegades ha estat minimitzat enfront a l'expressió «professional», quan, en realitat, la paraula afecció és la que mai no hauria de perdre el seu valor permanent: l'afecció per una cosa.

El gran Charlie Chaplin, el genial Charlot, una vegada digué: «Tots som afeccionats; en la nostra vida de cada dia no tenim temps per una altra cosa», significant que un artista mai no arriba al darrer grau de perfecció. Sempre s'està millorant. Ell fou un model d'afeccionat en el més alt i noble sentit de la paraula. La seva afecció per l'art l'ajudà sempre a superar-se.

Un altre artista, Bernard Shaw, va escriure: «Mentre pugui elucubrar que dintre meu hi ha quelcom millor que jo, no quedaré tranquil fins a procurar per tots els mitjans que aflori o aplanar-li el camí».

Posant afecció a tot el que hem fet creixerà contínuament dins nostre el desig de fer cada vegada millor la nostra tasca i anirem millorant. Quan s'intenta fer sempre millor una obra, el que importa no és l'obra en si, sinó en què ens transformem en fer-la.

Per això, com deia Charlot, cal seguir essent afeccionats.

Afeccionats al nostre treball.

Afeccionats a aquells valors permanents que ens ajuden a ser millors.

Afeccionats a la pròpia vida.

Sí, amic lector. Seguim aquest impuls positiu:

SIGUEM SEMPRE AFECCIONATS!

No hem de perdre mai l'amor
per tot el que fem.

Donem gràcies a algú!

QUI SAP SI UN DIA, ALGÚ ENS EN DONARÀ A NOSALTRES.

AMB el nostre impuls positiu d'avui, amic lector, l'invitem a actuar de forma molt original. Com?

Algú, alguna vegada, va fer alguna cosa per a nosaltres. Potser fou una cooperació senzilla o potser fou un ajut important, gràcies al qual avui en dia fruïm d'una situació física, econòmica, social o familiar que ens satisfà.

Potser va ser quan érem infants o adults, en família o en una empresa, abans o durant el càrrec que ara ocupem.

I aquest favor ens el féu un parent, un amic, un conegut, un director o algú que hem perdut de vista, que, en un moment de la nostra vida enlairà el nostre esperit, donant-nos un estimulant cop de mà.

Va ser algú que tingué l'amabilitat i la visió de creure en nosaltres, ja fa temps.

Amic lector. Li proposem fer quelcom original.

Avui, en qualsevol moment, fem el següent. Dediquem deu minuts a escriure una nota a aquesta persona, donant-li les gràcies per tot el que va fer per a nosaltres.

Fem-ho tal com ens surti. No ens neguitegem volent aconseguir una acurada correcció gramatical. Com si tinguéssim aquesta persona davant nostre. Com si parléssim amb ella.

Sí, amic lector. Seguim aquest impuls positiu:

DONEM GRÀCIES A ALGÚ!

Qui sap si un dia, algú ens en donarà a nosaltres.

Corresponguem sempre a un favor rebut!

I FEM-HO D'UNA MANERA ORIGINAL.

SÒFOCLES deia: «Qui sap correspondre a un favor rebut és un amic que no té preu». Entre les anècdotes que es conten de grans homes es diu que, una vegada, en una zona del nord dels Estats Units, un vell pagès que conduïa un «Ford» antic, model T, s'aturà davant un elegant i luxós automòbil que estava avariat.

—Ves per on! —comentà el vell al xofer uniformat que estava apenat per l'avaria que no sabia arreglar—. Fa quinze anys que vaig amb aquest vell «Ford» i mai no he tingut cap problema. Va treure una cadena de dins del seu cotxe i la va lligar a un extrem del vehicle i al luxós carruatge avariat, tot dient:

—En marxa! D'aquí al poble hi ha molta distància.

El xofer, sorprès, mirà l'interior del cotxe com si esperés ordres i, sense dir res, s'assegué al volant quan ja la cadena començava a tibar. El vell cotxe recorregué vint quilòmetres. En arribar, el propietari de la limusina, un senyor de cabell blanc, s'atansà al vell amb un talonari de xecs a la mà. El pagès el va rebutjar suaument:

—Aquest món seria molt desgraciat si quan un amic es troba en una dificultat un no el pogués ajudar desinteressadament. No li sembla?

El cavaller desà el talonari i estrenyé calurosament la mà del seu benefactor.

Es diu que, un mes després, el pagès trobà davant la porta de casa un llampant «Ford», de nou model, amb una nota que deia: «He sabut que el seu cotxe és molt vell i en necessita un altre. Seria molt desagradable, aquest món, si quan un amic es troba en una dificultat un no el pogués ajudar desinteressadament. No li sembla? Firmat: HENRY FORD».

Sigui certa o no l'anècdota, la lliçó radica no en l'obsequi del cotxe, sinó en agrair un servei. La lliçó està en l'elegància com va repetir en la nota la mateixa frase del pagès. És tot un detall de delicadesa i originalitat.

Siguem creatius. Tenim pendent algun servei, algun favor per agrair? Pensem en una forma nova, agradable, diferent, sorprenent per fer recordable la nostra mostra d'estima.

Sí, amic lector. Seguim aquest impuls positiu:

CORRESPONGUEM SEMPRE A UN FAVOR REBUT!

I fem-ho d'una manera original.

No intentem canviar l'altra persona!

AJUDEM-LA A SER ELLA MATEIXA.

A la revista londinenca *Women*, fa uns anys, l'escriptora Evelyn Home publicà: «Un dels errors més grans que pot cometre una noia és casar-se amb un home convençuda que aquest canviarà de manera de ser després de casat. El matrimoni no és una cosa màgica i no serveix per canviar un caràcter».

Això succeeix en el matrimoni i en totes les altres relacions. No ens queda altra solució que acceptar les persones com són i no angoixar-nos pensant com voldríem que fossin, ja que, com afirma Von Humboldt: «És digne de l'home acceptar de forma natural el que existeix en el curs de la naturalesa».

Hi ha persones, però, que viuen amb altres tota una vida i mai no paren d'intentar canviar-les, quan fóra més positiu procurar ajudar-les per tal que arribessin a ser en plenitud la persona que potencialment són, descobrint i aplicant la seva riquesa personal, perquè malgrat que no pot canviar, tot es pot perfeccionar.

El psicòleg Allport digué: «Si tots els membres d'un grup tinguessin la mateixa conducta, idèntics pensaments i els mateixos sentiments, no existiria això que anomenem personalitat; tots som diferents i aquesta diversitat és una riquesa».

Pel nostre planeta es calcula que han passat 70.000 milions de persones al llarg de la història de la Humanitat. Mai no ha existit, ni existeix, ni existirà un ésser humà igual que vostè, amic lector.

Si els dibuixos que formen les nostres empremtes digitals són tan diversos, que constitueixen elements d'identificació, com no han de ser-ho els complexos arabescos que formen els milions de cèl·lules del nostre cervell!

No hi ha ningú més important al món per a cada persona que ella mateixa i ningú no pot donar-li el valor i la força que ella no tingui, perquè, com digué Bucher: «Les forces no s'infonen; tan sols podem despertar-les».

Sí, amic lector. Recordem —si algun cop tenim la temptació de fer canviar algú— allò que, referint-se al nàufrag Robinson Crusoe, comentava amb un gran sentit de l'humor el filòsof Nietzsche. Deia: «Robinson tenia un criat molt millor que Divendres. Es deia Crusoe».

Seguim, doncs, aquest impuls positiu:

NO INTENTEM CANVIAR L'ALTRA PERSONA!

Ajudem-la a ser ella mateixa.

Ajudem els altres a desenvolupar-se!

La nostra relació serà de respecte, d'amor i de pau mútues.

Entre les moltes publicacions aparegudes en el món referents a les relacions humanes, triem unes orientacions del Dr. Thomas Gordon que, amb el títol de *Mis relaciones con los demás*, són vàlides per ser aplicades a qualsevol persona, familiar o amic amb qui convivim i mantenim una relació continuada. Diuen així:

«Tu i jo vivim en una relació que valoro i vull conservar. Tanmateix cadascú de nosaltres és una persona diferent, amb les seves pròpies necessitats i el dret a satisfer-les.

»Quan tu tinguis dificultats per resoldre els teus problemes procuraré escoltar-te cordialment i ajudar-te, per tal que trobis les teves pròpies solucions, independentment de les meves. Així mateix, procuraré respectar el teu dret a escollir idees i desenvolupar valors, encara que siguin diferents dels meus.

»Quan la teva activitat s'interfereixi amb el que jo he de fer per satisfer les meves necessitats, et faré saber obertament i amb honestedat com m'afecta la teva conducta, confiant que tu em comprendràs i m'ajudaràs en la mesura que et sigui possible. Així mateix, quan algun dels meus actes et sigui inacceptable, et prego que m'ho facis saber comunicant-me els teus sentiments. T'escoltaré i procuraré canviar.

»Quan descobrim que cap dels dos pot canviar la pròpia conducta per satisfer les necessitats de l'altre, reconeguem que tenim un conflicte que cal solucionar. Comprometem-nos a fer-ho sense recórrer a l'ús del poder o de l'autoritat. Jo respecto les teves necessitats, però també vull que tu respectis les meves. Esforcem-nos sempre per trobar una solució acceptable per tots dos. Ambdós triomfarem i ningú serà vençut.

»Així tu podràs continuar el teu desenvolupament com a persona satisfent les teves necessitats i jo també podré fer-ho; així, la nostra relació podrà ser prou positiva, per tal que, a través d'ella, tots dos podrem esforçar-nos per arribar a ser el que sigui capaç de ser. I podrem continuar relacionant-nos amb respecte, amor i pau mutus».

Animem-nos a comentar aquest impuls amb l'altra persona i llegim-lo junts per poder arribar a una aplicació efectiva de mutu acord. Pot ser una bona fórmula. Utilitzem-la.

AJUDEM ELS ALTRES A DESENVOLUPAR-SE!

La nostra relació serà de respecte, d'amor i de pau mútues.

Donem un «Bon dia» amable cada matí!

POTSER CANVIAREM PERSONES ESQUIVES EN AMICS.

MARJORIE S. Neagle, en un article titulat «Impacte», argumenta que res és impossible, com ho demostra un tap d'ampolla.

Explica que, una vegada, en una fàbrica d'armes dels Estats Units es realitzà un original experiment en el qual un senzill tap de suro de pocs grams fou penjat d'un fil de seda molt fi, al costat d'una barra pesant d'acer penjada verticalment d'una cadena de metall.

Posaren en moviment el suro en un continu vaivé i durant un temps anà colpejant suaument la barra. Al cap de mitja hora, la gran barra d'acer adoptà el mateix ritme oscil·lant del suro, malgrat haver estat retirat el tap.

Quin significat podem deduir d'aquest experiment?

El filòsof Terenci ens va dir a l'antiguitat: «Quan l'esperit està en suspens, un lleuger impuls el fa inclinar aquí i allà».

Ovidi digué: «Un déu poderós interior habita en nosaltres. Quan alguna cosa el belluga, el nostre esperit s'omple d'entusiasme. Aquest impuls és el que fa germinar les nostres llavors latents».

Si, com aprecien els psicòlegs, tot ésser humà és un mecanisme que respon a estímuls, l'escriptora Neagle es pregunta: «Si un suro quasi sense pes pot posar en moviment una pesant barra d'acer, mitjançant el seu martelleig suau però persistent, per què nosaltres, amb un «bon dia» amable, cada matí, no podem induir una persona esquiva a transformar-se en el nostre amic?».

Sí, amic lector. Seguim aquest impuls positiu:

DONEM UN «BON DIA» AMABLE CADA MATÍ!

Potser canviarem persones esquives en amics.

Conservem els bons amics!

ENS AJUDEN A SER MÉS AUTÈNTICS.

Més important que guanyar nous amics és evitar perdre els que tenim, m'assegurava fa temps un lector dels impulsos positius.

Dedicat a ell i a tots aquells que pensem igual, transcric una poesia de Raymond Berand, en la qual ens recorda com un amic ens estimula, ens anima, ens desafia a arribar a ser nosaltres mateixos, davant d'ell i davant la nostra pròpia vida. A ser més autèntics. Diu així:

Què és un amic? T'ho diré.
És un ésser amb qui tu
goses sincerar-te obertament.
El teu esperit apareix nu davant d'ell.
No has d'aparentar ni has de fingir.
Cal que siguis el qui ets.
No t'exigeix ser millor o diferent.
Al seu costat molt bé t'hi trobes
com si algú digués que ets innocent.
No cal posar-te a l'aguait,
li pots dir tot el que penses,
tal com raja.

Comprèn les teves rèpliques
naturals, que altres critiquen.
Vius amb ell ben lliurement
i et comprèn.
Pots obrar animosament
i excedir-te sempre amb ell.
Pots deixar-lo o tolerar-lo
i el millor que posseeix
és que pots seguir amb ell.
No tindràs mai cap problema.
T'aprecia tal com ets.
Tu, si vols, pots plorar amb ell,
cantar amb ell i riure amb ell,
fins i tot, amb ell resar.
Què és un amic? Repeteixo:
Aquell ésser amb qui tu
et sinceres totalment.

Si tenim amics autèntics, conservem-los. Ells ens ajudaran a ser més reals.

Si això és cert, aconseguirem un major benefici del consell que en forma de proverbi àrab diu: «Sigues amic de tu mateix i ho seràs dels altres».

Sí, amic lector. Seguim aquest impuls positiu:

CONSERVEM ELS BONS AMICS!

Ens ajuden a ser més autèntics.

Siguem bons amics dels nostres amics!

PAGUEM EL SEU AFECTE AMB EL NOSTRE AJUT.

EL tractadista Hug Morris, en una de les seves obres, ens va definir el que, segons ell, és un amic.

Analitzem, gràcies a aquestes frases, si som bons amics dels nostres propis amics.

«Un amic és aquell que correria quilòmetres per fer-nos un favor.

»És aquell que no gaudeix molestant-nos.

»És aquell amb qui es pot parlar amb confiança.

»És el que riu amb les nostres bromes.

»És el que és capaç d'aclarir-nos un dubte.

»És aquell a qui podem explicar les nostres dificultats.

»És aquell que sempre tenim a mà.

»És aquell que interromp el seu treball per escoltar-nos.

»És aquell que procura complaure'ns.

»És aquell que ens recolza en una discussió.

»És aquell que ens ajuda a solucionar un problema.

»Un amic és aquell que sap ser tot això a la vegada.

»Un amic és el nostre altre jo».

Intentem ser com els nostres amics, tal i com indica aquest poema. I, sobretot, sapiguem endevinar el moment en què necessiten el nostre ajut, que, com deia Chillon, en les seves sentències: «Si els teus amics et conviden a un banquet, pots arribar tard, si tu vols; però si et criden perquè els consolis afanya't, ja que la millor manera de manifestar llur estima és amb l'ajut».

«Totes les grandeses d'aquest món —ens assegurava Voltaire— no valen el que val un bon amic».

Sí, amic lector. Seguim aquest impuls positiu:

SIGUEM BONS AMICS DELS NOSTRES AMICS!

Paguem el seu afecte amb el nostre ajut.

Animem qui està dubtant!

UNES PARAULES D'ALÈ PODEN FER MIRACLES.

EN el llibre *Un artista i el Papa*, s'esmenta un fet que li ocorregué al papa Joan XXIII, en el primer sermó que pronuncià. Ell mateix ho explica així:

«La vigília de sant Francesc de Sales, de l'any 1906, quan jo era el jove sacerdot Roncalli, vaig haver de fer el meu primer sermó a Bérgamo, davant la meva família i molts fidels que havien vingut a escoltar-me.

»Recordo que hi havia un home anomenat Giacomo Manzú, que entre altres coses tenia la missió d'acompanyar els predicadors a la trona, esperar que acabessin i tornar-los a acompanyar a la sagristia. Durant el sermó esperava assegut a les escales de la trona.

»En aquella època, un sermó durava de quaranta a seixanta minuts. Vaig revestir-me de valor i vaig començar. En arribar a la meitat em vaig interrompre i, vacil·lant, vaig mirar les cares dels fidels tot espiant la seva reacció.

»No vaig veure res i vaig experimentar un ofec dins del cor. En aquell moment, algú m'estirava la sotana, però jo no li feia cas. Em varen fer una segona estirada i, després, una altra. Vaig girar-me. Era Manzú que estava assegut als meus peus: "Ànim, don Àngelo —em digué—. Endavant que va molt bé". Aquelles paraules m'infongueren alè per continuar i la resta fou molt millor gràcies a aquella petita ajuda. Mai no ho he oblidat».

Sí, amic lector. Una mà estesa pot fer miracles per a qui dubta.

Hi ha algú entre nosaltres que sent un ofec dins del cor, que està vacil·lant, que està dubtant de si mateix, però necessita un petit reforç? Recordem aquesta anècdota i fem-li a temps una estirada a la sotana.

Seguim, doncs, aquest impuls positiu.

ANIMEM QUI ESTÀ DUBTANT!

Unes paraules d'alè poden fer miracles.

Mantinguem el cor sempre jove!

QUE ELS ANYS NO FRENIN LES NOSTRES IL·LUSIONS.

ALFREDO de Musset fou l'autor d'una cita en què estic segur que coincidiran molts dels nostres lectors: «Els cabells blancs no fan més vella la persona, el cor de la qual no té edat».

La meva mare, que va arribar quasi als noranta anys, sempre mantingué la il·lusió per la vida. Quan entrava en un ascensor i es veia reflectida en el mirall, comentava somrient: «Qui és aquesta vella que hi ha aquí?».

Tots coneixem aquesta classe de persones que quan arriben a una edat avançada mantenen el cor tan jove i ple de vitalitat com en els seus anys joves. Possiblement el cos ja no segueix el mateix ritme, però elles senten, amb més força que mai, això que anomenem l'alegria de viure i valoren la vida com quan ens queda mig flascó de cafè soluble. L'estimem i el cuidem més que al principi quan l'obrírem.

Diuen que les empreses que es mantenen pròsperes és perquè aposten segures als objectius i no s'embadaleixen amb la seva tradició. Tenen els ulls posats en el futur més que no pas en el passat. Així succeeix amb aquest tipus de persones que conserven jove el cor. Tenen la ment més plena d'il·lusions que de records.

Maurice Chevalier, amb el seu agut sentit de l'humor es mantingué jovial i alegre tota la vida. D'ell es comenta una frase que reflecteix el seu caràcter i el seu amor per l'existència: «No ens preocupi arribar a vell. Especialment considerant l'altra alternativa».

I un pensador ens deixà la reflexió següent: «Mai no he conegut cap persona, per vella que fos que, estant sana, no pensés poder viure, com a mínim, un any més».

Sí, amic lector. Seguim aquest impuls positiu:

MANTINGUEM EL COR SEMPRE JOVE!

Que els anys no frenin les nostres il·lusions.

El més important no és la màquina!

SINÓ COM SABER-LA MANEJAR.

AQUESTA anècdota, ocorreguda al doctor Arnold Gentle, entusiasta de la fotografia artística, li podia haver succeït a vostè, amic lector, si és afeccionat a fer fotografies.

Explica Arnold que, un dia, una novel·lista coneguda, visità el seu estudi per examinar-ne les fotografies. Un cop les hagué vistes, comentà amb entusiasme:

—Doctor, són meravelloses. Són les millors que he vist. Vostè deu tenir una càmera fotogràfica molt bona. Me la podria mostrar?

—Naturalment! Amb molt de gust —respongué el doctor immediatament, i afegí—: A propòsit, he llegit algunes de les seves novel·les i em semblen excel·lents. Podria vostè ensenyar-me, alguna vegada, la seva màquina d'escriure? Deu ser molt bona per produir semblants obres d'art.

No se'ns escapa, amic lector, que alguna vegada hem sentit aquesta observació o potser algú ens l'ha feta a nosaltres quan li hem ensenyat satisfets i amb orgull fotografies nostres.

Un proverbi àrab diu: «El tinter no escriu les històries».

La Fontaine va escriure: «Per l'obra es coneix l'artista». Naturalment, no són els pinzells els que ens defineixen el pintor, ni el martell o les escarpes l'escultor, sinó la seva pròpia obra, ja que, com deia Balmes: «L'home, tota la persona, és fruit de les seves obres».

Més encara: Flaubert ens assegura: «L'autor ha d'estar en la seva obra, tal com Déu està en l'univers; present en totes les parts, però no visible en cap».

Sí, amic lector. Seguim aquest impuls positiu:

EL MÉS IMPORTANT NO ÉS LA MÀQUINA!

Sinó com saber-la manejar.

Siguem realment com volem ser!

Ningú no pot impedir-nos ser nosaltres mateixos.

El respecte als altres és quelcom que manifesta la nostra manera de ser.

Fa pocs dies un amic em confessava: «Si jo estimo la gent, per què la tracto a coces? Si tinc ganes de riure, per què resto seriós i sorrut? Si sé que el més important és escoltar, per què sempre parlo jo? Si sóc d'una manera, per què em manifesto d'una altra?».

Siguem com realment volem ser, i tot manifestant respecte a l'altra persona, ens respectarem més a nosaltres mateixos.

Ruth Senter en parla en aquest poema:

Jo t'hauria de mirar els ulls
quan tu m'estàs parlant.
Hauria de pensar tot el que em dius
en lloc de pensar què respondré.
Hauria d'escoltar els teus sentiments
quan sento les teves paraules.
Si realment jo fos tal com vull ser
t'hauria d'acollir sense establir
com, quan i on.

T'hauria de permetre estar prop de mi,
d'explicar els meus somnis i esperances,
els temors i els meus problemes.
Hauria de riure amb tu i no de tu,
saber el moment oportú de poder fer-ho.
Si realment jo fos tal com vull ser
no hauria d'assaltar la teva tanca
i sí esperar que obrissis tu la porta.
No hauria d'envair els teus secrets;
hauria d'esperar que em dessis tu la clau.
Si realment jo fos tal com vull ser
hauria d'esperar que volguessis
i acceptar-ho gentilment,
respectant la teva forma de ser
i esperant que tu em respectessis.
Si fóssim, realment, com volem ser.

Sapiguem ser, amic lector, tal com realment volem ser i guanyarem el respecte de l'altra persona, dels altres i, el que és més important, el respecte per a nosaltres mateixos.

Seguim, doncs, aquest impuls positiu:

SIGUEM REALMENT COM VOLEM SER!

Ningú no pot impedir-nos ser nosaltres mateixos.

No ens aventurem a anticipar decisions alienes!

PODEN TRASBALSAR LA NOSTRA COMUNICACIÓ.

És prou conegut aquell succés ocorregut al propietari d'una petita casa on hi havia una figuera que ell, un dia, necessità esporgar.

No disposant d'una esporgadora i sabent que el seu veí Joan, que vivia uns cent metres més enllà en tenia una, va decidir demanar-la-hi per una setmana.

Mentre es dirigia a la finca del seu amic, la seva ment començà a funcionar imaginant-se coses.

«Vaig molt animat creient que em deixarà l'esporgadora, però és possible que no me la vulgui deixar.»

I mentalment ell mateix es contradeia:

«No, no serà capaç. Si fos al revés jo no tindria cap inconvenient a deixar-la-hi».

«Encara que últimament està indiferent amb mi. No és l'amic que era abans».

«Però no. Això són imaginacions meves. En Joan és un bon noi. No podrà negar-me un favor tan senzill com aquest».

I tornava a raonar:

«Ara recordo que la meva dona l'altre dia em digué que havia trobat la seva dona a la botiga i gairebé no li parlà. Estaran enutjats per alguna cosa? Qui sap si es molestaren perquè no els invitàrem a la barbacoa d'ara fa quinze dies. Però si solament vingué la família. No hi havia motiu per invitar-los. Com no sigui per alguna mala passada que els meus fills hagin fet a la seva filla! Mira que és beneita la nena. Ben mirat, tot això són bestieses. No em pot deixar plantat a la porta de casa seva dient-me que no em deixa l'esporgadora; bo! quin moc em donaria. No ho farà!».

Ja a la porta de la casa d'en Joan, pitjà el timbre i mentre esperava tornà a dubtar:

«Sí. Ho veig venir. Ara sortirà i em dirà que no me la deixa, que m'arregli com pugui. És capaç».

S'obrí la porta i aparegué en Joan. Abans que pogués dir res, el nostre amic, irat, l'increpà:

—Saps què et dic? Que tu i l'esporgadora us n'aneu a fer punyetes!

Reflexionem i, davant situacions similars, seguim aquest impuls positiu:

NO ENS AVENTUREM A ANTICIPAR DECISIONS ALIENES!

Poden trasbalsar la nostra comunicació.

Admetem que som el que som!

NO SALTEM PER LES TEULADES PRESUMINT,
PERÒ NO ENS HUMILIEM, TAMPOC,
AMAGANT-NOS A LA CARBONERA.

CERVANTES, en l'epíleg del seu *Viatge al Parnàs,* fingeix que Apol·lo envia als poetes l'ordre següent: «Que tot poeta a qui els seus versos li hagin fet entendre que ho és, es valori i es tingui en molt, atenent-se a aquell proverbi: És mesquí qui es tingui per mesquí».

És possible que, sense adonar-nos del fet, per un absurd excés de modèstia, a vegades ens posem a un nivell més baix d'aquell en què realment estem.

Azorín ens aconsella: «Siguem com som. Si dintre nostre sentim una qualitat forta, notable, no l'amaguem; col·loquem-nos sempre al terme just», i arriba a dir-nos molt més, justificant-nos el motiu pel qual hem d'evitar rebaixar-nos i menysprear-nos, per no córrer el risc que els altres ens rebaixin i ens menyspreïn més encara. Diu així: «Hi haurà molts esperits fins, coneixedors de la nostra vàlua, que veuran la injustícia que ens fem nosaltres mateixos, però també n'hi haurà d'altres que creuran la nostra paraula com l'expressió més autoritzada de la veritat i aquests seran majoria, perquè són més aquells que es guien per testimonis aliens que no pel que és la realitat!

Sí, amic lector. Si nosaltres ens desvaloritzem, ens menystenim del que som, qui impedirà que els altres pensin el mateix? Apreciaran com el millor testimoni aquell que dóna el propi interessat.

Si som conscients del propi mèrit, seguim aquest impuls positiu:

ADMETEM QUE SOM EL QUE SOM!

No saltem per les teulades presumint,
però no ens humiliem tampoc,
amagant-nos a la carbonera.

Aconseguim el màxim de tot!

TRAUREM MÉS PROFIT DE LES NOSTRES CAPACITATS.

Es diu que, una vegada, un periodista preguntà a l'inventor Edison, anys abans de morir:

—Quina ha estat la filosofia de la seva vida que li ha permès tenir tants èxits?

La seva resposta va ser molt senzilla:

—He procurat aconseguir sempre el màxim de tot.

Transformem aquesta resposta en una pregunta i fem-nos-la nosaltres mateixos. Aconseguim sempre el màxim de tot?

Aconseguim el màxim del nostre temps.
Aconseguim el màxim de les nostres capacitats?
Aconseguim el màxim de les nostres possibilitats?
Aconseguim el màxim de la nostra vida?
Per què no intentem, a partir d'ara, aconseguir el màxim de nosaltres mateixos?
Recordem aquell aforisme xinès que ens diu:
«Aprofita a fons la vida. És més tard del que et creus».

Sí, amic lector. Seguim aquest impuls positiu:

ACONSEGUIM EL MÀXIM DE TOT!

Traurem més profit de les nostres capacitats.

Donem companyia a qui la necessita!

PERÒ DONEM-LA AMB ALEGRIA.

Hi ha persones que quan donen alguna cosa ho fan d'una manera tan cordial i desinteressada, que, en fer-ho, sembla que en lloc de donar rebin dels altres. Pierre Corneille deixà dit: «La forma de donar val més que el que es dóna»; i l'escriptor Joubert també opinava: «Quan donis alguna cosa procura fer-ho amb alegria i somrient».

El gautxo argentí això ho sap molt bé, quan, a la pampa, calurosa de dia i freda de nit, troba l'ombú, arbust que li ofereix la companyia sense demanar res a canvi.

El poeta ens ho diu així:

La Pampa té l'ombú,
un arbust de l'Argentina.
Mai no dóna flors ni fruits,
però sempre, companyia.
Ell bé ho sap, perquè és humil,
que no és gomer ni és alzina,
però sap, també, com jo,
cercar sentit a la vida.

Obre copa i obre branques
amb esforç davant del sol,
amplia la pròpia ombra
i amb el fred molt més l'abric.
I quan el pampero bufa
clava a terra les arrels
protegint a tots aquells
que a sa empara s'aixopluguen.
Formosa lliçó d'amor
que deixa com a sement.
Jo sóc gautxo cavalcant
a voltes a la deriva,
que necessita trobar
un ombú mentre camina
uns llavis en l'amistat
i en el dolor una mà amiga,
i en la festa un bon company
i en la feina bona guia.
La Pampa te l'ombú,
un arbust de l'Argentina.
Formosa lliçó d'amor.
A la Pampa de ma vida
més que l'or i que la plata,
deu-me l'ombú, companyia!

Sí, amic lector. Seguim aquest impuls positiu:

DONEM COMPANYIA A QUI LA NECESSITA!

Però donem-la amb alegria.

Actuem en equip!

ACONSEGUIREM FER SONAR LES CAMPANES.

S'EXPLICA que, en una població americana, hi havia un rector que tenia un gran rècord d'èxits en els matrimonis que celebrava. Cap d'ells no se separava, malgrat els molts divorcis que allà hi havia.

Un periodista volgué esbrinar la vertadera raó per la qual les parelles seguien unides. Què els deia el sacerdot perquè ells es mantinguessin units tota la vida?

Assistí a una boda i no va apreciar res anormal. Però, acabada la cerimònia, observà que el rector invitava la parella a col·locar-se al peu del campanar de l'església. Un cop situats allí, digué a la núvia que estirés la grossa corda que penjava d'una campana molt pesant i que la fes sonar. Ella no pogué, perquè no tenia la força ni el pes suficient. Després invità el nuvi per què ho intentés i tampoc li fou possible fer-la sonar.

Finalment invità els dos perquè es pengessin conjuntament de la corda i fessin sonar la campana. Llavors tingueren èxit. Sonà la campana!

El periodista comprengué que no serveix de res dir en un sermó que home i dona, com a parella, formen un equip. El que importa és demostrar-ho. L'exercici físic de fer tocar la campana quedava més gravat a la memòria dels esposos. Comprenien molt bé que, en un matrimoni, en una família, en tot objectiu comú, s'ha de treballar en equip.

Sí, amic lector. Seguim aquest impuls positiu:

ACTUEM EN EQUIP!

Aconseguirem fer sonar les campanes.

Col·laborem!

CONVERTIREM EN CEL, EL MATEIX INFERN.

UNA antiga llegenda persa ens conta que, un home just, en morir, demanà a Al·là la gràcia de conèixer el cel i l'infern, enigmes pels quals havia estat interessat tota la vida. Atesa la seva petició, fou acompanyat, en primer lloc, per un servidor de l'infern a una porta damunt la qual hi havia escrit: «Mansió dels condemnats d'Al·là».

El bon home entrà molt interessat per conèixer, per fi, en què consistien els càstigs que sofrien les persones mereixedores de l'infern. Amb gran sorpresa es trobà amb una àmplia i alegre sala on hi havia llargues taules preparades amb elegància i delicadesa i amb tota classe de plats suculents i saboroses fruites exòtiques procedents de tots els llocs de la Terra. Tanmateix, els comensals estaven demacrats i els seus rostres reflectien una gran desesperació. Observant amb atenció, el nostre home descobrí que tenien els braços rígids, els colzes no els funcionaven i, malgrat poder abastar tots els menjars saborosos, les fruites i les llaminadures, no podien fer el moviment necessari per posar-se'l a la boca.

Després, acompanyat per un servidor del cel, passà a una altra dependència, a l'entrada de la qual hi deia: «Mansió dels benaurats d'Al·là». Aquella gran sala era igual que l'anterior i damunt les elegants taules hi havia preparats els mateixos plats mengívols i les fruites saboroses; observà que, com a l'infern, tots els comensals també tenien els braços sense moviments als colzes, i que si bé els podien moure en arc no podien fer arribar els aliments a la boca. Però totes les persones tenien un aspecte feliç i content. Estranyat, observà millor i descobrí perquè eren tan feliços. S'esgarrifà en apreciar la gran lliçó que incloïa el que veia: cada un d'ells donava menjar al que tenia al costat.

Aquesta llegenda persa, d'alguna manera, recorda un vell proverbi africà que diu: «No es cava la terra amb el mànec de l'aixada, però el mànec ajuda a cavar». Sí, amic lector, quan hi ha un autèntic sentit de col·laboració, cadascú de nosaltres, essent tan sols una part del tot, ajuda a cavar. El nostre bé personal, moltes vegades, prové del benefici mutu, fruit dels esforços parcials personals. Com diuen els xinesos: «Qui ajuda els altres, s'ajuda a si mateix».

Si col·laborar és una forma de compartir, recordem l'enginyós sentit de l'humor de Chesterton quan digué: «Comparteix la pluja si no tens un paraigua».

Sí, amic lector. Seguim aquest impuls positiu:

COL·LABOREM!

Convertirem en cel, el mateix infern.

Tirem llenya al foc!

NO DEIXEM QUE S'APAGUI.

AQUESTA frase l'utilitzem a vegades en sentit negatiu, indicant que una persona, quan provoca una discussió, una baralla o un enfrontament, està tirant llenya al foc per tal que això es compliqui més.

Mirem-ho des del punt de vista positiu.

Se m'ocorregué llegint un estudi titulat *Als simis els agrada el foc.* Explicava una experiència feta pel doctor Gartner, que fou una primera autoritat en l'estudi dels costums dels simis.

Deia, en el seu estudi, que moltes vegades havia observat com els simis s'agrupaven a l'entorn del foc que havien encès uns caçadors a l'Àfrica. Observà que als simis els agrada el foc, especialment en èpoques de fred. S'atansen a les flames i s'escalfen.

Però mai no veié, explica el doctor Gartner, que un simi tiri llenya al foc per tal que no s'apagui. Sempre observà que deixaven apagar el foc. Disfrutaven del que trobaven fet, però no feien res per conservar-ho.

Aquesta mateixa inèrcia del simi, a vegades, la tenim nosaltres. Esperem que algú s'alci i vagi a cercar llenya per mantenir el foc.

Als campaments dels *boy-scouts*, quan se celebra la típica sessió dita «foc de campament», cada component sap que té l'obligació moral d'anar a recollir llenya per mantenir vives les flames que fan possible la reunió.

Ens preocupem nosaltres de tirar llenya als nostres focs en els quals participem? Al foc de la nostra família. Al foc del nostre treball. Al de les nostres tertúlies. Al dels nostres estudis. Al foc de la nostra vida de cada dia.

Aportem la col·laboració, l'entrega, l'afecte, l'amistat, la llenya positiva necessària per mantenir sempre encès el foc?

No fem com els simis.

La calor del foc del lloc on ens trobem, depèn també de la llenya que nosaltres hi tirem.

Sí, amic lector. Seguim aquest impuls positiu:

TIREM LLENYA AL FOC!

No deixem que s'apagui.

Donem les nostres opinions des del punt de vista esperançador!

TINDREM MÉS POSSIBILITATS QUE SIGUIN ACCEPTADES.

Es diu que, una vegada, ja fa molts anys, a l'inici dels vols de passatgers en avió, una companyia aèria invità un grup d'altes personalitats d'una ciutat a donar un passeig pels aires per tal de promocionar la nova línia. El director, quan els tingué reunits davant l'avió, els digué: «Espero, senyors, que aquest vol no sigui l'últim viatge que fan en avió».

Tots quedaren preocupats per aquelles paraules que semblaven tenir el regust premonitori d'una tragèdia.

Si en lloc d'haver pronunciat aquelles paraules hagués dit: «Espero que aquest sigui el primer dels molts viatges feliços que a partir d'ara realitzaran en avió», l'efecte hauria estat distint.

L'opinió hauria estat plantejada des del punt de vista positiu. Des del seu angle esperançador.

No endebades Quintilià digué: «Més important que allò que es diu és com es diu».

Diguem les coses de tal manera que els altres les entenguin sempre positivament, veient la seva cara bona.

Sí, amic lector. Seguim aquest impuls positiu:

DONEM LES NOSTRES OPINIONS DES DEL PUNT DE VISTA ESPERANÇADOR!

Tindrem més possibilitats que siguin acceptades.

Fem clar allò que és complex!

AIXÍ ENS ENTENDREM MILLOR.

TOTS hem vist les típiques pel·lícules de la guerra del Pacífic, on apareixen les batalles aèries entre avions nord-americans i japonesos.

Una de les coses que em cridà més l'atenció fou les curioses indicacions verbals que es transmetien, per ràdio, d'avió a avió, per avisar-se entre ells de l'aparició d'esquadres enemigues. Deien frases com: «Avions japonesos. Dalt a les cinc»; «un caça. Baix a les onze», i frases per l'estil. El llenguatge no era tècnic i era confús per als no iniciats, com: «Avions japonesos. Al Nord deu graus derivació»; «un caça al Sud. Vint graus derivació».

El sistema era molt senzill, per fer-se comprendre amb gran rapidesa. Havien arribat a un acord on cada pilot se sentia mentalment situat al centre d'un rellotge imaginari, col·locat horitzontalment. L'hèlice marcava les 12 hores; les ales, les 3 i les 9. La cua, les 6. D'aquesta forma qualsevol indicació relativa a l'aparició d'esquadres enemigues o d'un sol avió era tramesa en raó de la situació relativa al rellotge horitzontal hipotètic que els servia d'esquema mental. La localització era més ràpida. Feren clar el que era confús. Aprofitant que tots coneixien la figura gràfica del rellotge i que els era fàcil localitzar el lloc citant una hora determinada, només calia indicar si l'avió enemic estava a dalt, a sota o al mig.

Si es deia «Avió enemic. A les sis. Dalt», el pilot avisat sabia que a la cua, per la part superior estava essent atacat i prenia la decisió ràpida d'efectuar l'angle de desviament més adequat.

Aquest exemple ens pot ser útil per eliminar del nostre llenguatge normal confusions amb el llenguatge tècnic.

En família, podem arribar a un pacte per entendre'ns en les reunions amb altres persones, mitjançant codis senzills que ens ajuden a una més ràpida comunicació.

És possible que aquest joc del rellotge l'animi, amic lector, a trobar adaptacions al seu ambient, lloc de treball, comunicació íntima, etc. Només cal posar-se d'acord amb altres persones per usar les mateixes imatges i el mateix codi.

Seguim, doncs, aquest impuls positiu:

FEM CLAR ALLÒ QUE ÉS COMPLEX!

Així ens entendrem millor.

Creguem en nosaltres mateixos!

LA SOLUCIÓ I LA RESPOSTA LES PORTEM DINTRE.

DIUEN que, una vegada, un astrònom discutia amb un amic la poca importància de la humanitat comparada amb la gran immensitat de l'espai i la infinita quantitat d'estrelles que hi ha en tot l'univers.

Li deia convençut:

—Per l'astrònom, l'home no és res més que un puntet infinitament petit dins del gran conjunt de tota la immensitat dels espais.

L'altre li respongué:

—Bé! Però l'home continua essent l'astrònom.

Sí, amic lector, l'home, la persona, cadascú de nosaltres segueix essent l'astrònom. Cadascú de nosaltres és tot un món amb les seves respostes i les seves solucions.

Recordem allò que Darwin Kinsley ens deixà escrit:

«Tu tens poders que mai no has somniat. Tu pots fer coses que mai no has pensat poder realitzar. No hi ha limitacions en el que pots fer, excepte les que posi la teva pròpia ment. No pensis que no pots. Pensa que pots. Creu en tu».

Sí, amic lector.

No cerquem la resposta a les estrelles. No intentem trobar la solució a l'espai.

Davant la pregunta de la teva vida, tu ets l'única resposta. Davant els problemes de la teva existència, tu ets l'única solució.

Seguim, doncs, aquest impuls positiu:

CREGUEM EN NOSALTRES MATEIXOS!

La solució i la resposta les portem dintre.

Tinguem confiança en el nostre pla!

TAN SOLS NOSALTRES ESTEM DINS LES NOSTRES SABATES.

L'ESCRIPTOR Vermon Howard ens explica una història on es refereix a la nostra confiança personal abans de fer alguna cosa, als dubtes que ens assalten, a vegades, referents als plans que hem preparat.

Diu així:

«Durant la Primera Guerra Mundial un jove tinent alemany va ensenyar un pla de batalla al general Hindemburg, dient-li: "Senyor, heus aquí el pla que penso utilitzar en una acció contra una companyia de l'enemic, podria dir-me si el pla és bo o no?"

Hindemburg li respongué: "Torni demà i li ho diré".

Demà? —preguntà sorprès el tinent—. Però si demà ja haurà acabat l'acció.

«És cert —digué el general—. Si vostè ha vençut l'enemic li diré que el pla era bo, si no, li diré el contrari».

Amic lector:

Si hem preparat un pla per actuar en una circumstància determinada que tenim davant, no dubtem preguntant a algú si allò està bé o està malament.

Ningú no pot conèixer la situació amb tots els detalls com nosaltres mateixos. Ningú no ha pensat tan a fons com nosaltres el pla. Ningú no pot estar dintre les nostres pròpies sabates. Actuem tal i com hem decidit. Només el temps ens dirà si allò estava bé o malament. Fer és la forma millor d'aprendre.

Seguim, doncs, aquest impuls positiu:

TINGUEM CONFIANÇA EN EL NOSTRE PLA!

Tan sols nosaltres estem dins
les nostres sabates.

Apliquem constància i tinguem paciència!

PODEM MENJAR-NOS UN ELEFANT.

FA molts anys, m'explicaren que, en una ciutat del nord d'Espanya, on els habitants eren molt afeccionats a fer apostes, hi havia un xicot bon jan que s'aventurà a jugar-se una quantitat molt respectable assegurant que ell podia menjar-se una bicicleta.

El bo del cas és que, segons m'indicaren després, gairebé hauria pogut guanyar la juguesca, llimant el metall i empassant-se'l a poc a poc. Però... sempre hi ha un però!, hauria perdut l'aposta perquè de la bicicleta no s'hauria pogut menjar els pneumàtics. Ni tan solament reduïts a pols, ja que la goma no admet ser digerida per l'estómac humà.

Aquest fet em recorda la pregunta que em feien, de vegades, quan impartia unes sessions de formació de directius, per avaluar la importància de la constància en l'actuació: «Com és possible que una persona es mengi un elefant?»

I el grup, alliçonat, sempre responia de forma divertida i a cor: «Trosset a trosset!».

Sí, amic lector. Difícilment una persona pot normalment trencar amb les seves mans una baralla de cartes, però li és fàcil, amb paciència, trencar-la carta a carta. Tampoc podem esquinçar una tela forta o esbocinar una soga grossa. No obstant, amb temps, fil a fil, bri a bri, podem desfer-les.

Petrarca, a l'Edat Mitjana, deia: «La paciència triomfa, en tota empresa, més que la mateixa força. Moltes coses que no podríem vèncer d'un sol cop s'aconsegueixen a poc a poc».

Tinguem, doncs, amic lector, fe en el poder del temps i de la paciència, la qual, com escrivia Manel de Sandoval: «El fruit no madura, ni l'espiga no grana en el breu temps d'un dia. Allò que no aconsegueixis avui és possible aconseguir-ho demà».

Tenim pendent alguna cosa valuosa i important per a nosaltres? Apliquem la constància i tinguem paciència perquè, com diuen els francesos: «A poc a poc, el petit ocell va construint el seu niu». I com assegura un vell adagi castellà: «A poc a poc fila la vella el borralló».

Seguim, doncs, aquest impuls positiu:

APLIQUEM CONSTÀNCIA I TINGUEM PACIÈNCIA!

Podem menjar-nos un elefant.

Pensem en coses que mai no han existit!

I PREGUNTEM-NOS, PER QUÈ NO?

S'EXPLICA que el creador de la Polaroid, la càmera de revelat immediat, pensà en la possibilitat d'aquest invent motivat per la seva filla, una nena petita, un dia que li estava fent una fotografia.

Ho explica ell mateix dient que quan hagué accionat el disparador, la nena li preguntà: «On és la foto, papà?»

El seu pare quedà sorprès davant la pregunta infantil, però aleshores nasqué en ell una positiva inquietud. «Per què no?» I començà a pensar en aquesta possibilitat.

Va tardar un temps a respondre a la seva filla, però quan ho féu ja havia inventat la càmera Polaroid.

George Bernard Shaw deixà escrit: «La gent, en veure les coses que existeixen, es pregunten: "per què?" A mi m'agrada pensar en aquelles coses que mai no han existit i preguntar-me: per què no?».

Potser valdria la pena que nosaltres penséssim en les coses que mai no han existit, en el nostre treball, en el nostre ambient, en la nostra vida, coses que mai no hem fet i ens preguntéssim de tant en tant: per què no?

Sí, amic lector. Seguim aquest impuls positiu:

PENSEM EN COSES QUE MAI NO HAN EXISTIT!

I preguntem-nos, per què no?

Creem el nostre banc d'idees!

I TINGUEM-LO A MÀ PER APLICAR-LES.

En una visita als Estats Units, fa uns anys, vaig tenir l'oportunitat de visitar, a Pittsburg, una empresa dedicada a envasos i embalatges de tota mena. Durant el recorregut vaig passar per una sala enorme, amb grans armaris on figuraven multitud de models de tota classe d'embalatges numerats i classificats. Vaig preguntar què eren aquelles mostres i el que m'acompanyava, en to confidencial i un somriure als llavis, em digué:

—*Is our bank* (és el nostre banc).

Vaig creure que no havia entès la resposta, perquè... què hi havia de fer un banc en aquells armaris?

Unes altres preguntes d'un company de visita desviaren la meva atenció i seguírem el recorregut.

Un cop finalitzada la visita i mentre dinàvem amb el meu acompanyant, recordàvem la sala que ell havia mencionat com el seu banc, li vaig exposar la meva estranyesa i li vaig pregar que m'ho aclarís.

—Va entrendre-ho bé. Aquella sala l'anomenem el nostre banc perquè d'ella en traiem molts beneficis.

I m'explica el motiu, com un secret que li agradava compartir:

—Miri, quan un client ens demana un determinat model d'envàs per als seus productes, els especialistes sempre preparen dos o tres prototipus perquè pugui escollir. Aquells que no són acceptats queden exposats en aquesta sala, amb la referència corresponent. A qualsevol nou client l'invitem a visitar la sala: el nostre banc de prototipus. En més d'una ocasió ha trobat el model adequat o utilitzable, amb alguna modificació. Sí. En traiem molts beneficis, del nostre banc.

Aquella idea la vaig aplicar al meu treball habitual. Tinc un arxiu classificat per temes i de llavors ençà hi guardo les idees que em criden l'atenció, escrites en targetes que, normalment, en previsió, sempre porto damunt meu. Moltes d'aquestes idees les he transformades en impulsos positius per escriure aquest llibre que ara tens a les teves mans. Adopta aquesta suggeriment, al teu aire.

Sí, amic lector. Seguim aquest impuls positiu:

CREEM EL NOSTRE BANC D'IDEES!

I tinguem-lo a mà per aplicar-les.

Intentem noves experiències!

AVANÇAR SUPOSA ARRISCAR-SE.

En el joc del beisbol hi ha una frase popular que, d'alguna manera, podríem aplicar a la nostra actuació en la vida. Diu així: «Mai no podrà arribar a la segona base aquell que mantingui el peu en la primera».

Sí, amic lector. Alcem el peu. Tinguem la valentia, la confiança d'intentar noves experiències. Avançar suposa arriscar-se. Això, els antics xinesos ja ens ho havien llegat amb un proverbi: «Aquell que tingui por de remenar i de tirar els daus, mai no traurà sis». No tinguem por de cometre un error, alguna vegada. «Aquell que mai no s'equivoca mai no fa un descobriment.»

Hi ha qui té por d'actuar per temor a no encertar. Desconeix el principi de Charles Hardy que ens va ajudar quan digué: «Equivocar-se forma part d'aprendre a fer bé les coses».

Hem d'intentar noves experiències, perquè com J. Culley recorda: «No es passa del paper carbó a la fotocopiadora a través d'una fórmula matemàtica». L'experimentació requereix la posada en marxa de l'acció, i malgrat que aquesta no sempre ens garanteix l'èxit, és a dir la consecució de l'objectiu proposat, hem d'admetre que no hi ha èxit si abans no hi ha hagut acció.

I si alguna vegada cometem alguna fallença seguim l'orientació alliçonadora de Benjamin Disraeli: «Una de les coses més dures d'aquest món és admetre que un s'ha equivocat i tanmateix no hi ha res que ens ajudi més a resoldre una situació que admetre-ho sincerament». Doncs, com Simone Weil va dir una vegada: «L'error, ben analitzat, és una font d'energia. Rectificar vitalitza».

Sí, amic lector. No deixem mai d'experimentar per por d'equivocar-nos. Seguim aquest impuls positiu:

INTENTEM NOVES EXPERIÈNCIES!

Avançar suposa arriscar-se.

Siguem eficients en actuar!

BENEFICIEM-NOS DE LA TEORIA TRANSFORMANT-LA EN ACCIÓ.

EL doctor Frank Crane ens deixà un escrit interessant on, amb frases breus, ens va definir un concepte moltes vegades discutit: l'eficàcia.

De l'eficàcia digué que és...

... fer les coses. No desitjar poder-les fer o somniar-hi o pensar si un és capaç de dur-les a terme.

... poder aprendre com fer les coses, fent-les. De la mateixa manera que caminant s'aprèn a caminar, o nedant s'aprèn a nedar.

... és la facultat de col·locar la nostra personalitat en el lloc i el temps exigits.

... és la vivor en la mobilització dels nostres recursos, adequant-los a les circumstàncies.

... és la pròpia confiança, vestida de modèstia. És la perseverança unida a la delicadesa.

... és la mà de ferro amb guant de vellut.

... és estar alerta, amb presència d'ànim, preparat per adaptar-se a l'imprevist.

... és la suma de tres valors: propòsit, pràctica i paciència.

... és la mesura de la persona: l'autèntic tamany de la seva qualitat.

... és saber aplicar la teoria a la pràctica.

... és la facultat de poder usar les pròpies passions i no veure's manipulat per elles.

... és l'aprenentatge personal, la concentració, la visió i el propi sentit comú.

Sí, amic lector. Tot això és el que ens va dir el doctor Crane. Traiem-ne una conseqüència positiva. Si actuem d'aquesta manera, la nostra vida serà eficient perquè tot el que coneixem, gràcies a la teoria, podrem transformar-ho en acció pràctica. Així, donant un sentit productiu a la nostra vida, deixarem als qui ens segueixin més oportunitats de les que nosaltres trobàrem.

Seguim aquest impuls positiu:

SIGUEM EFICIENTS EN ACTUAR!

Beneficiem-nos de la teoria
transformant-la en acció.

Siguem enclusa, si cal!

QUAN ARRIBI L'AVINENTESA, SEREM MARTELL.

ANYS després de la Segona Guerra Mundial, un conegut corresponsal espanyol, Augusto Assía, publicà, entre altres, dos llibres on recopilà els articles emesos des de Londres i apareguts en la premsa espanyola durant el conflicte.

Un dels dos volums el titulà: *Cuando yunque, yunque,* i l'altre *Cuando martillo, martillo.* Els títols foren trets d'un poema d'Edwin Markham, que diu:

Prepara't a enfrontar els teus dies
i xocar amb ells sempre igual.
Quan siguis enclusa, aguanta fort.
Quan siguis martell, pica sens parar.

En el primer d'aquests volums, *Cuando yunque, yunque,* recollia les impressions de les vicissituds que el poble anglès sofrí durant els bombardeigs alemanys. Era una època en la qual es feren cèlebres dues frases de Winston Churchill. Una deia que, com a primer ministre, ell només podia oferir «Sang, suor i llàgrimes». L'altra frase, també molt popular, avaluava els esforços dels pocs pilots de les esquadres que defensaven Londres, dient: «En la història de les guerres, mai tants han degut tant a tan pocs».

Aquells moments foren molt durs. En la nostra pròpia vida també hi ha èpoques en què som enclusa, que no ho acabem d'entendre. Qualsevol sacrifici que fem mai no serà en va. Per delicades que siguin les circumstàncies, hem d'aguantar fort. Cal saberles acceptar amb coratge i honradesa. En moments difícils som l'enclusa on es motllura la nostra personalitat.

Longsa Rampa, l'autor d'*El tercer ull,* ens deixà escrit: «El mineral de ferro pot creure que el torturem injustament al forn, però quan la fulla trempada mira enrera, ho comprèn tot».

Sí, amic lector. Tinguem coratge i honradesa quan les circumstàncies siguin difícils. Seguim aquest impuls positiu:

SIGUEM ENCLUSA, SI CAL!

Quan arribi l'avinentesa, serem martell.

No hi ha martells que piquin sols!

ELS HEM DE MOURE NOSALTRES.

DIUEN que, fa anys, passà per un poble un robavellaire que venia objectes curiosos. Entre altres coses oferia a un aprenent de fuster un «martell meravellós».

—Si aquest martell treballa sol, com vostè diu, per què no me'n fa una demostració?

—Perquè si ho faig —respongué el venedor— mai més no voldrà treballar per tu. Aquest martell menysprea aquells que no creuen en ell.

El noi dubtava. El preu era alt. Tots els estalvis de la seva vida.

—Bé, noi. Veig que no et decideixes. M'emporto el martell a un altre poble. Continua condemnat al treball dur.

L'aprenent es decidí i li entregà els diners.

—Recorda que has de mirar-lo fixament per espai d'una hora sense pensar en el mot «martell». Si ho fas així, ell obeirà les teves ordres i començarà a treballar fent tot el treball que ara has de fer tu.

Quan el robavellaire hagué marxat, el noi intentà fer-lo funcionar però no ho aconseguí. Al principi cregué que es tractava d'una falta de concentració. No deixava de pensar en el mot «martell». Però després fou el seu propi patró, el fuster, qui li féu veure la veritat, i li digué:

—El martell meravellós pertany a aquella classe d'idees «ho mereixo tot a canvi de res». Tot el que realment val la pena, d'una forma o altra, hem de pagar-ho.

Sí, amic lector. Deixem-nos de somniar i viure submergits dins l'absurda il·lusió de creure que tot ho podem aconseguir a canvi de res. Tot s'obté gràcies al nostre propi esforç.

Seguim aquest impuls positiu:

NO HI HA MARTELLS QUE PIQUIN SOLS!

Els hem de moure nosaltres.

Mantinguem sempre viva l'esperança!

ÉS EL CALIU QUE ABRANDA EL FOC DE L'ESFORÇ.

Així ho assegurava l'escriptor Johnson quan digué: «On l'esperança no existeix no hi pot haver esforç».

La mitologia grega explica que Zeus encarregà a Hefest que, amb aigua i terra, formés una imatge bellíssima de dona i ordenà que cada déu li concedís un do, una gràcia. Afrodita li donà la bellesa, la fascinació amorosa; Minerva, el talent i l'habilitat artística; Hermes, l'eloqüència i l'astúcia, i així altres divinitats. Li posaren per nom Pandora, que significa «la dotada de tots els dons». Però Zeus, per compensar tantes virtuts, li entregà una caixa tancada que contenia tots els mals imaginables.

La llegenda diu que Pandora, tafanera, obrí la caixa, de la qual en sortiren una infinitat de desgràcies i malalties que, de llavors ençà, s'escamparen per tot el món. Al fons de la caixa aparegué una virtut. Era l'Esperança. Per sempre més fou el consol de la Humanitat en les seves desgràcies i la il·lusió anticipada de la felicitat.

No en va, Alexandre Dumas digué de l'esperança: «És el millor metge que conec».

L'esperança, segons diversos tractadistes, és la força que ens sosté davant del perill, enlaira el nostre esperit en l'adversitat, ens infon alè per realitzar una obra difícil, suportar els treballs i vèncer la desil·lusió en les hores de fatiga i decaïment. Si, com digué Aristòtil, «l'esperança és el somni de l'home despert», mantinguem-la sempre perquè segons Edgar Allan Poe: «Els qui somnien de dia són conscients i anticipen moltes coses que escapen als qui somnien només de nit».

Animem-nos a mantenir viva la forma permanent del nostre somni, i seguim el consell de Goethe: «En totes les circumstàncies és preferible esperar que dubtar». Així, doncs, esperem sempre, i, si algú dubta, preguntem-li: «Qui és capaç de mesurar el que és possible?» Però, això sí, seguim el refrany de «A Déu pregant i amb el mall pegant». Donem empentetes perquè l'esperança ens provoqui quan ens anima a somniar. Esperem, sí, però amb l'aixada a la mà. Així la terra farà fertilitzar l'esperança. «No esperem a tenir set per cavar el forat del nostre pou». Estimulem l'esperança amb el nostre treball, perquè, com diu Chalmer, «la felicitat consisteix a tenir sempre... alguna cosa per fer... algú per qui estimar... i alguna cosa per esperar».

Seguim, doncs, aquest impuls positiu:

MANTINGUEM SEMPRE VIVA L'ESPERANÇA!

És el caliu que abranda el foc de l'esforç.

Cerquem l'excel·lència!

EVITEM ANGOIXAR-NOS PER LA PERFECCIÓ.

CONEC el cas d'una agència de publicitat, el director de la qual era un perfeccionista en extrem. Tots els informes s'havien de repetir, com a mínim sis vegades, abans de ser presentats al client. Una vegada, a causa dels seus extrems de perfecció, tardà tant de temps a oferir la campanya sol·licitada amb urgència per un client, que aquest decidí acceptar la de la competència, que fou més ràpida.

Es diu que Sir Simon Marks, president que fou de la cadena de botigues Marks and Spencer, tenia una autèntica obsessió per evitar la pèrdua de temps i el tancament de les seves botigues per inventari, i que era partidari de fer el que ell anomenava l'«aproximació sensata». Acostumava a dir: «El preu de la perfecció és prohibitiu. El millor és enemic del bo».

Edwin C. Bliss, en la seva obra sobre el control del temps, cita com a exemple:

«La mecanògrafa que escriu de nou una carta llarguíssima per causa d'un error banal que s'hauria pogut esmenar a mà, o el director que exigeix la repetició d'aquesta carta, traurien una conclusió profitosa si examinessin la Declaració d'Independència dels Estats Units guardada als Arxius Nacionals i comprovessin que l'escrivent va cometre dos errors d'omissió en copiar-la en la versió definitiva. En comptes de començar de nou, afegí entre línies les lletres que faltaven, amb l'ajut d'un signe d'intercalació. Si aquest procés resulta acceptable en el cas del document que donà origen al naixement de la llibertat dels Estats Units d'Amèrica, encara ho ha d'ésser més en una carta que serà llegida mentre va de camí d'un arxiu o una paperera».

Sí, amic lector. Hi ha una gran diferència entre cercar amb interès l'excel·lència i perseguir angoixat la perfecció. L'excel·lència és assequible, la perfecció és inassequible i decebedora.

Seguim aquest impuls positiu:

CERQUEM L'EXCEL·LÈNCIA!

Evitem angoixar-nos per la perfecció.

Provem si funciona!

DISSERTEM MENYS I EXPERIMENTEM MÉS.

JA ho diu el refranyer: "El beneit disserta, el savi experimenta». Els grans filòsofs, a voltes, poden equivocar-se, admetent com a certs fets que no han estat provats.

Això li va ocórrer en l'antiguitat al mateix Aristòtil, el qual donà com a bona una teoria que no ho era. Ell deia als seus deixebles que si es llançava des d'una mateixa alçada i al mateix temps una bola de cinc quilograms de pes i una altra de sols un quilogram, la de cinc quilograms cauria cinc vegades abans que la de solament un quilo de pes.

Durant quasi dos mil anys, aquesta idea fou acceptada com a bona. Ho havia dit el gran Aristòtil i semblava raonable.

Segles després Galileu refutà el fet i ho demostrà. Féu pujar els estudiants partidaris de la idea d'Aristòtil a la Torre de Pisa. Allí es contrastà per primera vegada la idea amb un experiment ben senzill. Les dues boles xocaren contra terra a l'hora. La idea d'Aristòtil, gràcies a la prova, fou descartada.

Sí, amic lector. No acceptem idees, pròpies o d'altri, pel sol fet de semblar-nos raonables. Fem la prova. I acceptem-la sempre que «funcioni».

Seguim aquest impuls positiu:

PROVEM SI FUNCIONA!

Dissertem menys i experimentem més.

Valorem l'experiència!

I APROFITEM LA QUE TENEN LES PERSONES MADURES.

DIUEN que Napoleó es preocupava molt de seleccionar els seus generals entre els oficials joves valents i aguerrits, però quan hagué de preparar el Codi Civil francès, una obra que li donà fama en la seva història de governador, va recórrer a persones més grans de seixanta anys, com foren: Bigot, Preaumemeu, Malebille, Portalis i altres, i els posà sota l'orientació i la presidència de Tronchet, un home que tenia més de vuitanta anys.

És natural, amic lector. Aquells als quals volia nomenar generals els demanava els valors més importants per a un soldat i les característiques de la joventut: la intrepidesa, la fogositat, l'impuls. Però quan fou qüestió de fer una obra raonable i profundament pensada, buscà persones que ja haguessin passat l'època apassionada dels anys joves i posseïssin la prudència, la comprensió, l'equilibri. Que fossin persones amb experiència i haguessin après les lliçons i rebut els consells que solament la vida pot donar.

Sí, amic lector. Tinguem la intel·ligència d'escoltar aquelles orientacions fruit de l'experiència, els ensenyaments que s'adquireixen amb l'ús o amb el viure, ja que com deia Ciceró: «És gràcies a l'experiència que l'home, la persona, pot progressar en les ciències i en les arts»; o com Arquímedes va escriure: «Una mirada enrera, a voltes, val més que una mirada endavant».

Seguim, doncs, aquest impuls positiu:

VALOREM L'EXPERIÈNCIA!

I aprofitem la que tenen
les persones madures.

Tinguem fe!

NOMÉS AIXÍ MOUREM LA NOSTRA MUNTANYA.

S'EXPLICA que, una vegada, un camperol acabat d'arribar al poble, comentava amb els seus nous companys la mala situació del seu terreny situat a l'ombra d'una muntanya.

—Si li toqués el sol seria un terreny més fèrtil i podria treure'n bones collites. Llàstima que la muntanya m'ho impedeix!

Un dels pagesos que l'escoltava comentà:

—Però tu no saps que la fe mou muntanyes?

—Ja serà menys! És a dir, que si tens fe la muntanya es mourà?

Tots els presents, atents al dubte del camperol, seguiren la broma, instant-lo a que, si ell tenia fe, aquella mateixa nit podria moure's la muntanya.

Quan el nostre amic anà a dormir es parà a contemplar fixament la muntanya, mentre es deia: «Vull que la muntanya demà ja no estigui aquí».

Al matí següent, amb les primeres clarors de l'alba, el camperol obrí de bat a bat les finestres del seu dormitori i comprovà que la muntanya seguia al mateix lloc.

Aleshores, amb un somriure de commiseració, es digué:

—Ja sabia jo que no es mouria.

Amic lector. Possiblement si el nostre ingenu camperol hagués conegut el que William James va escriure sobre la fe, hauria comprès l'autèntic sentit d'aquesta poderosa frase: «La fe mou muntanyes». Digué James: «Quasi sempre és la nostra fe (la nostra creença i les conviccions arrelades dins nostre) aquella que abans de dur a terme una empresa dubtosa ens dóna la força suficient per iniciar-la amb més garantia d'èxit».

Sí, amic lector. És la nostra pròpia muntanya la que la força de la nostra fe pot moure.

Seguim aquest impuls positiu:

TINGUEM FE!

Només així mourem la nostra muntanya.

Amb fe aconseguirem les coses!

SENSE ELLA RES NO PODEM ACONSEGUIR.

JA fa molts anys que vaig conèixer l'Antoni. Ocupava un càrrec en una entitat asseguradora. En aquells moments no veia molt clar el seu futur. Em deia:

—Com que no tinc títol universitari, és possible que, a l'empresa, a l'hora de promocionar no comptim amb mi. —I es lamentava—: Llàstima no haver acabat a temps la carrera d'advocat!

—Quantes assignatures et falten?

—Una, solament. Però me la van suspendre tres vegades. I d'això fa més de deu anys. Ara no tinc el cap per posar-me a estudiar. Ja no puc.

Recordo que quan em comentà això, se m'ocorregué dir-li una frase que havia sentit:

—Antoni. «Tant quan diem que podem com quan diem que no podem, en tots dos casos tenim raó.» Tu pots, sempre que ho creguis així.

Va passar molt temps. Havia perdut el contacte amb ell, quan un dia, inesperadament, vaig rebre una nota en la qual em comunicava, molt satisfet, que ja era advocat. Havia pogut aprovar l'assignatura pendent.

Mai no vaig saber si jo havia contribuït, amb la meva conversa, a què prengués la decisió d'intentar-ho, però crec que fou així. Per aquest motiu avui m'atreveixo a explicar aquest cas, per si algun lector té encara una assignatura pendent.

Davant de semblants situacions no dubtem de nosaltres, com va escriure Alexandre Dumas: «Aquella persona que dubta de si mateix és com si s'enrolés amb els seus enemics i esgrimís les seves armes contra ell mateix. Ell provoca el seu fracàs, en no ser el primer convençut».

No dubtem de nosaltres. No ens enrolem en el bàndol contrari. Tinguem fe en les nostres capacitats. Són les nostres armes i, diguem com Samuel Butler: «Aquells que us diguin que només amb fe poques coses podem aconseguir, contesteu-los que sense ella no podem aconseguir res».

Sí, amic lector. Seguim aquest impuls positiu:

AMB FE ACONSEGUIREM LES COSES!

Sense ella res no podem aconseguir.

Adonem-nos-en a temps!

AVUI ÉS EL MILLOR DIA PER A SER FELIÇ.

LA coneguda autora francesa Colette tingué l'oportunitat de poder contemplar, en cinema, la història de la seva vida.

Després de la projecció, un dels assistents, li comentà:

—Veient la pel·lícula, em semblava una nena immensament feliç.

Colette respongué:

—Això sembla. Llàstima que no me'n vaig adonar a temps.

Amic lector. És possible que ens succeeixi un cas semblant tot repassant un bon dia la capsa de cartró on guardem les velles fotografies o fullejant els àlbums preparats amb fotografies i opuscles de ciutats visitades.

Potser ens ha succeït veient-nos protagonitzant una antiga pel·lícula d'afeccionats o un dels primers vídeos on apareixíem. En els nostres moviments hi havia una expressió de satisfacció. Rivalitzàvem a manifestar la nostra alegria. Ens hem vist saltant entre les ones de la platja, menjant animats en grup, gastant-nos bromes mútuament. Somrients! Alegres! Feliços!

I potser també, com Colette, en veure'ns, hem comentat dintre nostre:

—Que feliç era aleshores! Llàstima que no vaig advertir-ho!

Amic lector, encara estem a temps! Possiblement ara no sapiguem veure els motius que tenim per sentir-nos satisfets, com quan neva, que només veiem canviar el paisatge a casa del veí, no a la nostra.

Gaudim avui de la nostra felicitat com si ens estiguessin fent una fotografia que hem de contemplar després d'uns anys perquè llavors puguem dir:

—Que feliç era aleshores! Que bé m'ho passava!

Seguim aquest impuls positiu:

ADONEM-NOS-EN A TEMPS!

Avui és el millor dia per a ser feliç.

Cerquem a dintre!

AQUÍ HI HA EL SECRET DE LA GRAN FELICITAT.

S'HA escrit molt sobre el gran misteri de la felicitat. Vaig conèixer, fa uns anys, una antiga llegenda hindú que vaig transformar en poema i avui l'ofereixo en forma d'impuls positiu, per tal que la seva reflexió ens ajudi, amic lector, a trobar aquest gran secret de la felicitat.

Conta una llegenda hindú
que fa molt, moltíssim temps,
quan el món va ser creat,
que es reuniren els déus.

—No podem permetre mai
que l'home trobi el Secret
de la gran Felicitat.
On el podem amagar?

—Al fons més profund del mar.
—Dalt d'un cim, tocant el cel.
—Dins el centre de la terra.
—Molt amunt; al firmament.

Així els déus s'ho enraonaven
i no estaven gens satisfets,

temerosos perquè l'home
el trobés al llarg del temps.

Un dels déus s'alçà i digué
avançant-se, amb to serè:
—Jo ja tinc la solució;
escolteu; no tingueu por.

La llum, la Gran Veritat
dins d'ell mateix posarem
i oculta allà romandrà,
tot dormint un son etern,
perquè mai pressentirà
que ell mateix és son espill.

Ja ho saps, doncs, oh bon amic,
de la vida el Gran secret,
per ser savi i ser feliç,
dintre teu està comprès.

Aprofundim, doncs, en el nostre propi interior i no deixem de cercar fins arribar a trobar-hi la fórmula per estar conformes amb nosaltres mateixos. Per ser feliços.

Sí, amic lector. Seguim aquest impuls positiu:

CERQUEM A DINTRE!

Aquí hi ha el secret de la gran felicitat.

Siguem conscients de la nostra felicitat!

AL PRIMER INDICI EXCLAMEM: «QUE FELIÇ QUE SÓC!»

ALEXANDRE Dumas va escriure un pensament sobre la felicitat que ens ajuda a advertir que, alguna vegada, hem estat feliços sense adonar-nos-en: «La veritable felicitat només existeix quan notem que en fruïm. Qui és feliç i no ho sap fins després d'haver-ho estat és com si no hagués gaudit de la felicitat».

Des de fa molts anys formo part d'un grup de bons amics. Fa temps que vàrem proposar, per tal que el sentiment de la felicitat no ens passés desapercebut, que al primer símptoma que notéssim que ens sentíem bé, satisfets, feliços, cridaríem a ple pulmó: «Cony! Que en sóc de feliç!»

Camilo José Cela hauria entès molt bé l'inici d'aquesta expressió amb una imprecació com la citada. Dóna més força a la frase i fa el crit més espontani. I sobretot més recordable. Potser a algú li estranyarà, però l'objectiu és sorprendre la felicitat —que a voltes passa silenciosament— i fer-la palpable, visible, agafant-la per la cua com l'ocell que retenim al vol.

S'explica que, durant la Revolució Francesa, les mares que acudien amb els seus fills a l'execució dels nobles donaven una cleca als seus fills cada cop que queia la guillotina, per tal que recordessin aquell moment. (Com si aquella situació necessités ser recordada amb l'ajut d'una bufetada.)

La paraulota abans citada, expressió molt espanyola usada per refermar conceptes, aguditza la frase. Ve a ser com una cordial bufetada que nosaltres mateixos ens donem tot dient: «Recorda que ara sóc feliç!» Com si, des de fora, amb aquest crit, encenguéssim la llum interior, fent més enlluernador el sentiment de sentir-nos feliços. L'escriptor P. Courtié digué: «La felicitat amb prou feines es percep en el present i no es pot prometre en el futur. Sol succeir que una persona no sap, amb seguretat, que fou feliç fins que camina per les ruïnes de la felicitat enfonsada». Per què hem d'esperar ser desgraciats, per descobrir que fórem feliços?

Provem aquest impuls positiu en la primera ocasió. No cal que ens toqui la loteria. Podem descobrir la felicitat en petites circumstàncies, contemplant un bell paisatge, fruint d'una bona digestió, llegint un bon llibre, bevent aigua fresca, acariciant suaument una persona estimada, gaudint d'un bon son. Sí, hi ha fets senzills que ens provoquen una amical injecció de felicitat.

En aquest moment seguim aquest impuls:

SIGUEM CONSCIENTS DE LA NOSTRA FELICITAT!

Al primer indici exclamem: «Que feliç que sóc!»

Atansem-nos al futur!

SI PLANTEM LA VIGÍLIA, FLOREIX AL MATÍ.

A l'antiguetat transcorrien els segles sense que hi hagués canvis. No és així en la nostra època. Avui dia la rapidesa del canvi és vertiginosa. Del procés aritmètic hem passat al geomètric. Ara solem dir que l'«ahir no és notícia».

Avui podem assegurar, com aquell refrany que diu: «El bé que férem la vigília és el que ens duu la felicitat al matí».

El canvi ràpid i permanent ens obliga a ser més ràpids en les nostres decisions i a construir el nostre futur, treballant-hi més a prop.

Així ens ho diu el poema adient a l'impuls positiu que presentem:

El futur, aquest fantasma,
no és igual com era abans,
ni les coses són com eren;
el poeta ja ho digué.
El futur, bon amic meu,
cada dia és més a prop.
Quan contemplava el matí
des d'ahir, etapa antiga,
vist de lluny, a mi em semblava
que era eterna la distància.
Avui tot ha canviat,
més de pressa va la roda
i no anem cara al futur,
perquè el futur ja és aquí.
Ningú no sap com ha estat;
ahir era primavera
i el futur ja ens ha arribat.
El tenim ben a prop nostre.
Per això, ara, jo crec
tenir més clara la idea:
Construiré el meu futur
treballant en ella a prop.

Sí, amic lector. Seguim aquest impuls positiu:

ATANSEM-NOS AL FUTUR!

Si plantem la vigília, floreix al matí.

Fonamentem el futur en la roca sòlida de l'avui!

NO INTENTEM FER-HO TOT... DEMÀ.

HORACI ens deixà dit: «Aprofita el dia d'avui i posa la més mínima confiança en el demà».

És això el que ens recorda un poema anònim internacional, que diu:

Es proposà tot allò que un mortal
podia aconseguir ... demà.
Cada dia amuntegava les cartes
que havia d'escriure ... demà.

Ell pensava en els amics
que havia de veure i fruir ... demà.
No tenia temps. Sempre estava
molt ocupat. Avui no puc
ajudar ningú. Ho faré ... demà.
El millor de la professió
havia de ser ... demà.

Per això se'l conegué
per la persona que ho deixà tot per ... demà.

Quan va morir i desaparegué de la nostra presència... tot el que ens deixà fou una gran muntanya de coses que sempre intentava fer... demà.

Sí, amic lector. No podem dir de què està fet el dia de demà. És possible que per alguns només estigui fet de bones intencions.

Recordem el que deia Unamuno: «El demà es fonamenta sobre la roca sòlida de l'avui».

Seguim, doncs, aquest impuls positiu:

FONAMENTEM EL FUTUR EN LA ROCA SÒLIDA DE L'AVUI!

No intentem fer-ho tot ... demà.

Comencem cada dia el nostre any nou personal!

PERQUÈ AVUI, ÉS EL MILLOR MOMENT OPORTÚ PER COMENÇAR.

Sí, amic lector. Avui és el millor moment per començar de nou a avaluar el nostre passat com una orientació del futur.

Avui és el millor moment —com ens deixà dit Wilfred Patterson— per recordar que els sants només foren uns pecadors que continuaren constantment intentant.

És el moment de llençar vells ressentiments, pors i rencors a la paperera de la vida; és el moment de perdonar i oblidar; és el moment d'estendre àmpliament el nostre esperit.

És el moment de preparar una llista de les coses que hem deixat de fer i aconseguir-ne algunes: les visites pendents; les paraules mai no dites; les cartes per escriure; les tasques oblidades.

És el moment de treure la pols dels nostres somnis i fer brillar, novament, les nostres idees.

És el moment de cercar dins aquells bonics llibres vells que tots hem llegit, aquelles frases, sentències i pensaments il·luminats per tal que, altra volta, ens il·luminin el camí vers el demà.

És el moment de donar gràcies per tot allò que tenim i hem aconseguit en aquest món.

És el moment de dedicar novament el nostre temps a aquelles coses que val la pena viure.

És el moment de començar, mentre tinguem vida, a afegir vida als nostres anys.

Sí, amic lector. Seguim aquest impuls positiu:

COMENCEM CADA DIA EL NOSTRE
ANY NOU PERSONAL!

*Perquè avui és el millor moment
oportú per començar.*

No posem límits a les nostres possibilitats!

EL LÍMIT ÉS EL CEL.

Sí. El límit és el cel! Aquesta expressió és, exactament, el títol d'un llibre original del doctor Wayne Dyer.

L'autor ens diu a l'inici: «Pel que fa a la capacitat que tots posseïm per a la felicitat, el desenvolupament personal, la creativitat i la nostra força constructiva en la societat, no hi ha límits al que puguem aconseguir».

Cadascú de nosaltres podem aconseguir més, amb les mateixes capacitats que tenim, d'allò que estem assolint. Només cal que ens decidim a arribar a ser el que volem aconseguir enfront del que altres o la societat, en el seu conjunt, exigeix que siguem.

Paraules a tenir en compte en el futur, com digué Robert Louis Stevenson, l'autor del popular llibre *L'illa del Tresor:* «ser el que som i arribar a ser el que som capaços de ser és l'autèntica meta de la nostra existència».

Recordem, per acabar l'impuls positiu d'avui les paraules del filòsof Kierkegaard: «El «jo» no és quelcom que és, sinó quelcom que serà. És una tasca».

Sí, amic lector. Seguim aquest impuls positiu:

NO POSEM LÍMITS A LES NOSTRES POSSIBILITATS!

El límit és el cel.

Millorem! És aquesta la paraula

PENSAR SEMPRE EN MILLORAR ÉS ESTIMULANT.

ALDOUS Huxley escrigué: «Només hi ha un racó de l'univers on hom pot estar segur de millorar, i aquest racó és un mateix».

Per consegüent, cal començar allà i no a l'exterior, en els altres.

Sí, millorem! Aquesta és la paraula.

Pensem-ho bé. Quin impacte més gran es produiria en la Humanitat si tots l'acceptéssim com a eslògan propi de cara al futur: «Millorem!».

No importa quin sigui el nostre rècord.
No importa tot allò que hem assolit.
No importa com hem fet de bé les coses.
Millorem! És aquesta la paraula.
Hi ha moltes coses que podem millorar:
Les nostres relacions personals.
Les nostres actituds. Els nostres costums.

Les nostres col·laboracions amb la pròpia família, amb els nostres amics, en el nostre treball, en la nostra societat, i, per damunt de tot!, en el nostre respecte a nosaltres mateixos.

Sempre hi ha un camí per aquell que desitja millorar:

Millorem! És aquesta la paraula.

Des de molt antic que Horaci ens ho diu: «Millorem! Millorem alguna cosa. Si no podem més, és suficient».

Proposem-nos, doncs, amic lector, després de conèixer aquest impuls positiu, iniciar la nostra millora en aspectes de la nostra personalitat. Iniciem la nostra millora, avui!

Seguim aquest impuls positiu:

MILLOREM! ÉS AQUESTA LA PARAULA.

Pensar sempre en millorar és estimulant.

Tinguem una motivació interna!

QUE ELS APLAUDIMENTS SURTIN DEL NOSTRE PROPI INTERIOR.

FA anys vaig llegir en una obra de Charles Jones, una història interessant d'un jugador de beisbol de l'equip d'una universitat americana. Era un xicot atlètic, bon jugador, però molt indolent. Mai no estava motivat.

El seu entrenador, un dia, li va entregar un telegrama. Deia: «El teu pare acaba de morir. Vine de seguida». L'entrenador, torbat, li digué: «Vés. No cal que tornis pel partit del diumenge».

Amb gran sorpresa, el dia del partit es trobà el xicot al camp, equipat i preguntant-li:

—Entrenador, puc jugar, avui?

—No. El partit d'avui és decisiu. Només sortiran al camp els millors.

A mig partit, l'equip anava perdent i el noi continuava preguntant:

—Puc sortir? Em deixa sortir?

—No! —era la resposta.

L'equip anava perdent. Tots els jugadors de l'equip cometien errades. I el nostre xicot suplicava:

—Puc jugar?

Al final l'entrenador li digué:

—Surt al camp. Pitjor ja no pot anar!

Tan bon punt saltà al camp, el noi s'apassionà. Actuava com si talment tingués foc dintre seu. Estava ple d'entusiasme. Corria, feia passes, bloquejava. El seu abrivament motivà tot l'equip. Fou la gran estrella. Guanyaren el partit. L'entrenador, eufòric d'alegria, al final, li digué:

—Mai no havies jugat tan bé. Què et va passar al camp?

—Recorda que el meu pare va morir aquesta setmana?

—Sí. Jo mateix et vaig donar el telegrama.

—Doncs bé, el meu pare era cec. I avui ha estat la primera vegada que m'ha vist jugar!

El nostre jugador no necessitava aplaudiments. Tenia una motivació interior.

Sí, amic lector. Seguim aquest impuls positiu:

TINGUEM UNA MOTIVACIÓ INTERIOR!

Que els aplaudiments surtin del nostre propi interior.

Posem un desig dins la nostra ment!

ÉS ALLÀ ON COMENÇA TOT.

EL tractadista Claude M. Bristol ens explica en una història alegre i divertida, de la qual possiblement, amic lector, podem treure una conseqüència important.

Conta que, fa uns anys, dos negres estaven dormint a les riberes del Mississipí un dia de molta calor. Un d'ells badallà, es despertà i sospirà dient:

—Com desitjaria tenir ara mateix un milió de síndries.

L'altre negre li preguntà:

—Si tinguessis un milió de síndries, me'n donaries la meitat?

—No!

—Me'n donaries una quarta part?

—No! Tampoc te la donaria.

—Si tinguessis un milió de síndries, no me'n donaries deu com a mínim?

—No! No te les donaria!

—No em donaries si més no una síndria? —insistí l'altre negre.

—No te'n donaria ni tan sols una tallada, per més que tingués un milió de síndries.

Estranyat, l'amic li preguntà:

—Però... per què?

—Perquè ets massa gandul per desitjar-les per a tu mateix.

Sí, amic lector. Possiblement aquesta història ens faci somriure, però per poc que l'analitzem, veurem que tot comença amb un desig. Però no amb un desig dins la ment d'una altra persona, sinó en la nostra pròpia ment. Si admetem que tots som distints, creem els nostres propis desitjos! Concebem les nostres pròpies idees! La resta sempre vindrà a continuació. Tot el que pensem i desitgem avui determinarà el que serem i farem demà.

Edison ens deixà dit: «L'èxit és un u per cent d'inspiració i un noranta-nou per cent de transpiració».

Sí, amic lector, transpirem, suem per l'esforç de la persistència i la perseverança en donar cos a la inspiració, però tinguem sempre present que en un u per cent hi ha la nostra idea, el nostre desig. Allà comença tot.

Seguim, doncs, aquest impuls positiu:

POSEM UN DESIG DINS LA NOSTRA MENT!

És allà on comença tot.

Transformem els nostres somnis en realitats!

PER ARRIBAR A SER LA PERSONA QUE DESITGEM SER.

Si, com deia Herodot, «molts somnis són fets dels nostres principals pensaments de durant el dia», pensem en la persona que volem ser el dia de demà i escoltem què diu el poeta:

El demà és un somni que jo
puc transformar en realitat.
Un repte que he d'acceptar.
És un amic que he de fer
i un talent que he d'aplicar.
El demà és un somni que jo
puc convertir en realitat.

Cada dia dóno un pas vers ell
movent una peça en jugar.
Obtenint un afecte en estimar,
decidint el pas que he de donar
per poder ser la persona que vull ser.

Si, és cert, com deia Calderón: «Estem en un món tan original, que el viure sols és somniar, fem els possible per transformar el nostre somni en realitat, sempre que sigui un somni assequible a les nostres possibilitats i estiguem disposats a pagar un preu per ell: el del nostre esforç».

Sí, amic lector. Evitem que els nostres somnis desapareguin en el futur sense haver-los transformat en realitat.

Evitem que succeeixi allò que el nostre humorista Jardiel Poncela adverteix:

«A la vida només uns quants somnis es compleixen. La gran majoria dels somnis es ronquen».

Amic lector. Fem que els nostres somnis es compleixin, pagant, això sí, el preu del nostre esforç.

Seguim aquest impuls positiu:

TRANSFORMEM ELS NOSTRES SOMNIS EN REALITATS!

Per arribar a ser la persona
que desitgem ser.

Marquem-nos objectius que ens estimulin!

QUE NO ENS ANGOIXIN NI ENS IRRITIN.

EL psiquiatre Wiedsman explicà una vegada el cas d'un alumne, que potser en exposar-lo en aquest impuls positiu pot ajudar a algun lector a centrar la seva situació, imposada per ell mateix, i en la qual ho està passant malament.

Aquest fou el cas d'un participant d'una escola d'intèrprets que decidí aprendre cada dia deu pàgines de vocabulari d'un idioma determinat. Tenia una fèrria voluntat i volgué adquirir, amb poc temps, un ampli coneixement. Però cada dia quan anava a dormir, en veure que no havia aconseguit la tasca de les deu pàgines, s'inquietava i dormia malament, neguitosament. El seu mal humor anà creixent, malgrat que alguns dies arribava a complir el seu objectiu. La causa permanent de la seva irritació eren aquelles maleïdes deu pàgines de vocabulari que ell mateix s'havia imposat aprendre cada dia.

Succeí un fet molt curiós. El dia que, per consell del psicòleg, decidí reduir les deu pàgines a vuit, propòsit elevat, però assequible, s'acabà l'angoixa i el mal humor. Aquella era la causa de la seva desesperació.

Un excés d'ambició li havia fet oblidar la realitat. El fet de mesurar més sensatament la seva pròpia capacitat i fortalesa l'ajudà a millorar en el coneixement de l'idioma.

Aprofitem la lliçó, amic lector. El pensador Publi Siro ens deixà escrit, ja en l'antiguitat: «Ningú no sap d'allò que és capaç fins que ho intenta».

Intentem, doncs, tot el que ens proposem, però si observem que no ho podem fer i això ens provoca angoixa i mal humor, no dubtem a reduir el nostre propòsit, adaptant-lo a les nostres capacitats. Aconseguim el nostre objectiu, però mai amb mal humor. Sí amb esforç.

Sí, amic lector. Seguim aquest impuls positiu:

MARQUEM OBJECTIUS QUE ENS ESTIMULIN!

Que no ens angoixin ni ens irritin.

Sapiguem d'on bufa el vent!

PER ADEQUAR EL TRET A LA DIANA.

FA bastants anys s'estrenà una pel·lícula titulada *Capitans intrèpids*. Els papers principals eren interpretats per Spencer Tracy, que representava un vell mariner portuguès, i Freddie Bertholomew, jove grumet improvisat. Tots dos eren tripulants d'un petit vaixell. Recordo que em quedà gravada una escena alliçonadora que ara m'és útil per crear aquest impuls positiu. En un moment del film, el petit grumet es disposa a llençar per la borda el contingut d'una galleda amb restes de menjar que li ha donat el cuiner. El mariner, en veure el que va a fer, li diu cordialment: «Noi! Abans, escup al mar!». El noi s'estranyà d'aquell suggeriment, però obeí confiadament i escupí. La saliva li tornà a la cara. Comprengué perquè li ho havia dit. Somrigué agraït i anà al costat contrari de coberta i llençà les deixalles que, impel·lides pel vent, caigueren a la mar.

Durant els Jocs Olímpics de 1992, celebrats a Barcelona, l'equip espanyol de tir a l'arc aconseguí una medalla. Fou un gran èxit. L'aconseguiren per la seva perícia, preparació i coneixement. Els arquers saben que abans de llançar el tret, per aconseguir que la sageta toqui la diana han de conèixer la direcció i la força del vent i ajustar-hi l'angle de tir i la força del llançament. Això també ho sabia Guillem Tell; si no, difícilment hauria encertat la poma.

Nosaltres també tenim una diana, a la qual apuntem un objectiu a aconseguir. Abans de llançar-nos-hi hem de saber d'on bufa el vent. En aquest cas, quines són les circumstàncies que afecten la situació.

Recordo que vaig aprendre de petit a conèixer d'on bufava el vent. La tècnica, molt simple, me l'ensenyà en Josepet, un pagès del Montseny, a qui jo estimava i admirava molt. Es tractava de llepar-se el dit i posar-lo a l'aire. La part freda era d'on venia el vent. Tots la coneixem.

No és tan fàcil conèixer la direcció i la força del vent en la vida real. És a dir, quines són les circumstàncies favorables i els factors negatius que influiran en el nostre camí vers el propòsit que volem aconseguir.

Val la pena considerar totes les circumstàncies i tenir present que, com el vent, també poden variar de direcció. Procurem conèixer molt bé aquests factors.

Sí, amic lector. Seguim aquest impuls positiu:

SAPIGUEM D'ON BUFA EL VENT!

Per adequar el tret a la diana.

Estructurem un propòsit!

SORGIRÀ DE NOSALTRES UNA GRAN POTÈNCIA.

La força nuclear fou tan sols, fa uns anys, un propòsit dins la ment d'algunes persones. Enrico Fermi, Albert Einstein i altres científics dedicaren la seva vida a aconseguir un propòsit. Fer aflorar i aprofitar la potència oculta en un àtom. I van aconseguir-ho. La bomba atòmica fou, al principi, només una senzilla fórmula en una pissarra. Avui l'energia generada per la seva potència mou fàbriques i il·lumina grans ciutats.

Això mateix succeeix en la ment d'una persona decidida, la qual es marca fermament un propòsit. Disraeli, ens ho assegura quan diu: «Només esperant, tot arriba. Després de llargs anys de meditar en una cosa, he arribat a la convicció que un ser humà que estructura un propòsit sempre ho aconsegueix i res no es resisteix a una voluntat disposada a sacrificar fins i tot la vida, per tal d'aconseguir la meta».

També el poeta James Allen ens ho deixà en uns senzills i estimulants versos, que constitueixen una palanca motivacional per a tota persona que sàpiga captar el seu profund sentit.

Diu així:

Observa't a tu mateix, amic meu.
Posseeixes tot allò que els grans homes
tingueren:
dos braços, dues mans, dos peus, dos ulls
i una ment que pots usar, si estàs despert.

Tu mateix ets l'obstacle a superar.
Tu sol has d'indicar a on vols anar,
l'objectiu que vols assolir
i el sacrifici que estàs disposat a pagar.

Coratge i valentia han de sortir de tu,
perquè tota persona marca el seu camí.

Observa't a tu mateix, amic meu.
Posseeixes tot allò que els grans homes
tingueren.
Amb idèntic equipatge, ells començaren.
Posa en això gran interès i digues: jo puc.

Sí, amic lector. Marquem-nos un propòsit i diguem: «Jo puc!».

Seguim aquest impuls positiu:

ESTRUCTUREM UN PROPÒSIT!

Sorgirà de nosaltres una gran potència.

Cerquem el doctor Livingstone!

NOMÉS QUI CERCA TROBA.

QUAN a Henry Stanley se li assignà la missió de trobar el doctor David Livingstone, l'explorador perdut a l'Àfrica, la comesa fou qualificada d'«impossible». Stanley hagué d'endinsar-se en un ampli territori, sense camins, desconegut dels blancs, ple de perills, habitat per animals salvatges, de clima tropical i arribà, més d'una vegada, a passar fam.

Abans d'aconseguir el seu objectiu i pronunciar la pregunta famosa: «El doctor Livingstone, suposo?», passà per grans inconvenients i superà enormes obstacles.

Malgrat tot, Stanley, segons les seves pròpies paraules, trobà senzilla la missió. Per què? Escoltem el que ens deixà escrit:

«La missió de trobar Livingstone fou molt senzilla ja que es tractava d'un objectiu clar i definit.

»Tot el que jo vaig fer va ser alliberar el meu pensament de tot el que no fos la meva comesa, que no era altra que trobar l'home, tal com m'havien encarregat. Vaig gravar molt clar, dintre meu, l'únic objectiu: descobrir el lloc que Livingstone havia escollit per quedar-se a descansar. Un pensament sempre concentrat en la meva missió m'ajudà a oblidar tot el que havia deixat rera meu i el que pogués succeir en el futur».

Sí, amic lector. Fem nostres les paraules de Stanley. Si tenim un objectiu per assolir, gravem-lo clar en la nostra ment i oblidemnos de tot el que pugui impedir aconseguir-lo!

Seguim aquest impuls positiu:

CERQUEM EL DOCTOR LIVINGSTONE!

Només qui cerca, troba.

Siguem optimistes!

AMB AIXÒ, QUÈ HI PERDEM?

Així opinava Winston Churchill, quan deia: «Sóc optimista perquè em sembla que res no es guanya no sent-ho».

Sí, amic lector. Hi ha gent que opina que ser optimista és defensar que s'està bé quan tot està malament. No és així! Optimisme —segons el diccionari— és la predisposició de veure i jutjar les coses sota un punt de vista més favorable i, afegiríem, per tal de poder-les agafar pel lloc on no cremen.

Perquè, com diu el refrany espanyol:

Agafa les coses pel costat bo,
que a l'inrevés ho fa el neci.

Chesterton, amb el seu humor, deixà dit: un optimista és una persona que et mira els ulls. Un pessimista et mira els peus.

Sempre hem de veure l'angle esperançador i positiu de les coses. Perquè sempre existeix! Només cal saber-lo cercar. Tota circumstància, per dolenta que sigui, sempre podria ser pitjor.

Seguim el que ens aconsella un curiós proverbi etíop:

No blasfemis contra Déu
per haver creat el tigre.
Millor, dóna-li gràcies
per no haver-li donat ales.

Sí, amic lector. Encara som a temps de canviar el joc i apostar per l'optimisme. De nosaltres depèn, de ningú més, com diu la corranda:

Allò que ahir fou recança
que es torni avui optimisme,
perquè la força en canviar
sols radica en un mateix!

Seguim aquest impuls positiu:

SIGUEM OPTIMISTES!

Amb això, què hi perdem?

Seguim el credo de l'optimista!

AJUDEM PERQUÈ LA NOSTRA ACTITUD SIGUI MÉS ALEGRE.

ALGUNES persones m'han preguntat com arribar a ser optimistes. Per a elles reprodueixo, en aquest impuls positiu, el poema que, amb el títol *Credo de l'optimista,* vaig conèixer. És original de Christian D. Larson.

Sigues prou fort
per tal que res no pugui destruir
la pau de la teva ment.

Parla de salut, felicitat
i prosperitat a cada persona que trobis.
Fes sentir a tots els teus amics que
hi ha en ells quelcom molt valuós.

Mira el costat positiu de totes les coses
i aconsegueix que el teu optimisme sigui
autèntic.
Pensa tan sols en el millor. Treballa
tan bé com puguis i espera el millor.

Experimenta un entusiasme sincer
pels èxits dels altres com si fossin propis.
Oblida't dels errors del passat
i pensa en les realitats del teu futur.

Experimenta satisfacció per tu mateix
i ofereix una rialla a cada persona que tractis.
Dedica molt temps al teu desenvolupament;
així no disposaràs de temps per criticar els
altres.

Sigues excessivament gran per preocupar-te,
excessivament noble per enutjar-te
i excessivament feliç
per permetre't la presència
de problemes que et neguitegin.

Sí, amic lector. Aquest és un impuls positiu
per arribar a copsar la vida amb optimisme:

SEGUIM EL CREDO DE L'OPTIMISTA!

Ajudem perquè la nostra actitud
sigui més alegre.

Tinguem el nostre propi camí!

EVITEM SEGUIR EL DELS ALTRES.

DIUEN que una vegada, avançant per entre una espessa boira, un automobilista es passà quasi una hora enganxat als fanals posteriors d'un vehicle que el precedia, deixant que el conductor d'aquest, fos el qui fos, forçant la vista, es preocupés i busqués el millor camí. De sobte aquells fanals vermells s'apagaren i els dos cotxes van xocar.

—Escolti —cridà l'home que conduïa el cotxe de darrera—, com és que en aturar-se no ha fet un senyal?

I l'altre, estranyat, respongué:

—I per què l'havia de fer? Estic al meu garatge.

Sí, amic lector. És possible que algú vagi per la vida com el conductor de la nostra història, seguint cegament a un altre sense saber on va.

És possible que, potser ara, estem dubtant entre seguir el nostre propi camí, el que ens està dictant el nostre cor, o bé el que opinen els altres.

Seguim l'orientació de Baltasar Gracián, quan ens diu: «Creu en el teu cor. No deixis mai d'escoltar-lo. És la casa on habita l'oracle que, sovint, et diu el més important».

Sí, amic lector. Tinguem el suficient autocontrol per marcar i seguir el nostre propi camí, en lloc d'anar per camins aliens que ens poden dur als garatges dels altres.

Seguim aquest impuls positiu:

TINGUEM EL NOSTRE PROPI CAMÍ

Evitem seguir el dels altres.

No exigim el futur ràpidament!

APLIQUEM LA VIRTUT DE LA PACIÈNCIA.

EL polític francès Talleyrand deia: «Mai no s'ha de cometre la imprudència d'exigir que sigui present allò que el futur ens portarà, fruit del nostre esforç pacient».

Tanmateix, més d'una vegada solem posar-nos nerviosos i alterar-nos quan estem esperant aquelles coses que molt desitgem. Hem de comprendre que el fruit mai no madura en un dia.

Es diu que una vegada, un executiu d'una gran empresa s'adonà que ell sempre demanava que es fessin les coses «a l'acte», o sigui ràpides, a l'instant, malgrat comprendre que tota realització necessita el seu temps per fer-se bé. Com que era molt pietós, pregà

Déu que l'ajudés a millorar el seu caràcter i diuen que li ho demanà així:

«Déu meu. Necessito tenir paciència. Doneu-me molta paciència. Però, doneu-me-la ara!».

I és que la paciència, aquest saber esperar amb serenor les coses que més desitgem, no és avaluada en la justa mesura, perquè, com diu Leopardi: «La paciència és la més heroica de les virtuts, precisament perquè no té cap aparença d'heroïcitat».

Un proverbi original de Lin Yutang ens exhorta: «Totes les coses prosperen a la seva hora. No cal precipitar-se. L'espiga del blat mai no madura en un dia». I Jean Jacques Rousseau arribà a dir-nos: «A voltes la paciència és un bé amagat, però el seu fruit és molt dolç». Exposat d'una altra manera, es diu que qui vol gaudir menjant-se l'ametlla primer ha de mossegar la clofolla.

Sí, amic lector. La paciència sempre dóna resultats més profitosos que la precipitació, tant a l'ocell que construeix el seu niu com a la persona que, gràcies a la paciència, pot aconseguir grans coses que, a vegades, semblen impossibles.

Seguim, doncs, aquest impuls positiu:

NO EXIGIM EL FUTUR RÀPIDAMENT!

Apliquem la virtut de la paciència.

Afrontem els obstacles des de dins!

TOT SUCCEEIX, PRIMER, DINS NOSTRE, EN LA NOSTRA MENT.

RECORDO que, ja fa temps, vaig tenir l'ocasió d'assistir, invitat per un amic, entrenador d'un equip de futbol, a una original sessió de pre-escalfament dels jugadors, celebrada als vestuaris abans de sortir al camp. Fou un acte que sempre recordaré.

El meu amic no els parlà de les tècniques a aplicar. El que féu fou recordar-los de forma animada i dinàmica la confiança que dipositava en ells. Cordialment, encoratjador i estimulant recordà a cadascú els propis valors i les habilitats, els èxits aconseguits, les victòries obtingudes per l'equip. Els arribà a dir que estaven condemnats a guanyar el partit.

El grup reaccionà a les seves preguntes, respecte l'estat d'ànim, responent amb crits d'entusiasme i posant les mans damunt la pilota, com si es tractés d'un conjurament per matar Cèsar.

El guirigall era indescriptible. Es colpejaven mútuament les mans, com solen fer els jugadors negres de basquetbol. Picàvem, amb els peus, vigorosament a terra, com velocipedistes per la pista.

Cridaven frases d'autoestímul i, somrients, com si d'aquest partit en depengués la pròpia vida, sortiren al camp.

Vaig ocupar el meu seient, amb la mateixa animació. Aconseguiren contagiar-me. Sí, amic lector, guanyaren aquell partit, però no fou al camp. Fou al vestidor, als entrenaments, a casa seva, pensant en el joc.

No vol dir això que sempre hàgim de guanyar, però, això sí!, significa que tindrem més possibilitats si ens enfrontem als obstacles amb una moral positiva de sortir guanyadors.

Tenim, amic lector, davant nostre, algun partit difícil, algun problema, algun obstacle?

Preparem-nos des de dintre. Dinamitzem la nostra actitud en el vestidor de la nostra ment.

Seguim aquest impuls positiu:

AFRONTEM ELS OBSTACLES DES DE DINS!

Tot succeeix, primer, dins nostre,
en la nostra ment.

Així pensem, així som!

El pensament és la llavor de l'acció.

Si, com diu l'escriptor Maeterlinck, «nosaltres no som altra cosa que el nostre pensament», d'on ve el nostre pensament?

D'on recollim les llavors que sembrem a la nostra ment?

Aquesta és una pregunta que cadascú ens hem de respondre, ja que tots tenim graners distints dels quals recollim les llavors escollides perquè germinin en el nostre propi terreny: l'educació que rebem, la informació que ens donen els llibres que llegim, tot el que veiem i, per què no, tot el que escoltem.

També aquest «impuls positiu» que ara llegim pot cristal·litzar en la nostra ment i arribar a ser acció. Segons el doctor Frank Crane, «la nostra vida sencera cristal·litza, per llei universal, a l'entorn dels nostres pensaments abans de ser acció».

I, segons Goethe, «succeeix amb el pensament el mateix que amb un teler; n'hi ha prou amb un sol impuls per posar en joc milers de fils».

Poèticament ja ho havia dit Rabindranath Tagore: «Els pensaments van per la meva ment com estol d'ocells pel cel. Com escolto les seves ales!».

Així, doncs, si la bondat i la qualitat de la nostra acció neix, en principi, del nostre pensament, tinguem-ne cura, netegem-lo, enriquim-lo.

Seguim l'orientació del refranyer popular espanyol quan diu:

Home de bons pensaments
sempre posa bons fonaments.

Sí, amic lector. Seguim aquest impuls positiu:

AIXÍ PENSEM, AIXÍ SOM!

El pensament és la llavor de l'acció.

Mai! Mai! Mai no ens donem per vençuts!

ENCARA QUE EL CAMÍ SIGUI DIFÍCIL, SIGUEM CONSTANTS.

EN l'obra de Blanchard i Vincent Peale, *El poder ètic del directiu,* trobem un incident relacionat amb els últims anys de Winston Churchill.

S'explica que Mr. Churchill assistí a un homenatge que se li tributà en una escola primària, de la qual durant la seva infantesa havia estat alumne. El director i diversos professors exaltaren la figura del gran polític. El presentador, al final, digué:

—Aquest és un moment històric. Winston Churchill és el millor orador que hi ha en llengua anglesa. Prenguin nota de tot el que ens dirà. El seu discurs serà inoblidable!

Es va crear una gran expectació. Tots els presents tenien els ulls posats en aquella solemne figura. Ell s'alçà pausadament i, mirant per damunt de les ulleres, digué:

—Mai! Mai! Mai no us doneu per vençuts.

I havent dit això tornà a seure's.

No calia cap més paraula. Possiblement aquell fou un dels millors discursos que pronuncià Churchill.

Fou conseqüent amb la seva pròpia actuació durant tota la vida. Aquelles paraules resumiren el pensament permanent del gran polític.

Sí, amic lector. Mantinguem sempre la nostra lluita per difícil que sigui el recorregut.

Seguim aquest impuls positiu:

MAI! MAI! MAI NO ENS DONEM PER VENÇUTS

Encara que el camí sigui difícil,
siguem constants.

Continuem insistint!

ENCARA QUE ESTIGUEM DESESPERATS.

AIXÍ és com ens anima Edmund Burke quan diu: «No desesperis mai. Però si algun cop et desesperes continua endavant, malgrat estar desesperat».

Així es comportà el rei Bruce d'Escòcia, segons explica la història.

El 1302 es refugià en terres d'Irlanda, després de ser vençut pel rei d'Anglaterra. Conten que, cinc anys després, estava enfonsat en la desesperació, després de diversos intents de recuperar el seu regne.

Assegut en un racó d'un alberg contemplava amb atenció una aranya que, després de sis inútils temptatives, podia finalment, al final de la setena, veure coronat el seu esforç acabant de teixir la seva tela.

Diuen que aquell exemple de constància li va inspirar un gran valor. Com l'aranya, ell havia intentat per sis vegades consecutives recuperar el seu tron, sense aconseguir-ho. Motivat per aquell senzill exemple, amb gran decisió, desembarcà a Carick, amb els seus homes, atacà el rei d'Anglaterra i el vencé a Turuberry Castle.

Quan novament tornà a fer-se càrrec del seu regne, va escriure: «Una aranya ha salvat el tron d'Escòcia».

Un petit detall tan insignificant com és veure una aranya teixir la seva tela pot despertar en nosaltres el desig de seguir insistint.

Tenim alguna cosa pendent d'acabar?

Ens costa trobar una nova feina?

Hi ha alguna situació que se'ns presenta difícil, quasi impossible?

Estem a vora de la desesperació?

Recordem aquest poema anònim. Potser com una tela d'aranya pugui introduir en el nostre ànim la força necessària per tornar a lluitar.

Rera la lluita de l'intent,
en les zones més obagues,
pot aparèixer el triomf,
no el fracàs que jo temia.
Continua esgrimint l'espasa,
que el bé que creus tan llunyà
potser estigui molt a prop teu,
a l'abast d'aquesta mà.
Lluita, doncs, malgrat que hagis
de patir en el combat.
Quan tot s'hagi perdut
més que mai cal insistir!

Sí, amic lector. Seguim aquest impuls positiu:

CONTINUEM INSISTINT!

Encara que estiguem desesperats.

No deixem de trucar a la porta!

BEN SEGUR QUE DESPERTAREM ALGÚ.

LONGFELLOW, amb l'analogia de la porta tancada que colpegem amb insistència i que podem arribar a obrir, ens valora l'aplicació constant, quan diu: «La perseverança és el més gran aliat de l'èxit. Si tu truques a la porta moltes vegades amb soroll suficient, pots estar segur que despertaràs algú».

Són molts els autors que ens recorden com una tasca continuada venç les dificultats i facilita la consecució d'allò que, moltes vegades, ens sembla impossible.

Des de Virgili, amb la seva frase «la constància trenca les parets més sòlides», fins a Napoleó, quan deia «la victòria està a favor del més persistent».

Aldo Pellegrini donà un sentit dinàmic a tot allò que és perdurable, dient-nos: «La permanència no significa immobilitat, sinó simplement que no cessa».

No parem, doncs, en el nostre propòsit. Fem com Baudelaire, quan amb el seu exemple aplicava un dels principis preferits, «la inspiració és el treball de cada dia», perquè, insistint ràpidament, podem forçar el poder de la ment a transformar l'acció en estímul de noves idees.

Samuel Johnson deixà escrit: «Hi ha poques coses impossibles per a una contínua dedicació. Les obres més grans s'han dut a terme no per la força sinó per la perseverança».

Sí, amic lector. Tots tenim un poder latent, unes habilitats retingudes, l'ús continuat de les quals ens podria ajudar a transformar els nostres somnis en realitats. La Rochefoucald insisteix en aquest punt quan ens diu: «Poques coses hi ha importants en si mateixes: és l'obstinació aplicada a aconseguir allò que no tenim, no el poder».

Seguim, doncs, aquest impuls positiu:

NO DEIXEM DE TRUCAR A LA PORTA!

Ben segur que despertarem algú.

Intentem-ho sempre!

ÉS POSSIBLE QUE, ALGUNA VEGADA, HO ACONSEGUIM.

En una de les escenes de la pel·lícula *Algú volà sobre el niu del cucut,* el seu protagonista, interpretat per Jack Nicholson, proposa als seus companys escapar de l'hospital on estan reclosos, llançant una pesada pila automàtica d'aigua contra la finestra per trencar la reixa.

Tots es burlen de la seva proposta adduint que és molt difícil. Aleshores ell mateix s'ofereix a fer-ho i, enmig d'una tensa expectació, intenta separar la pila del seu suport.

Després d'intentar-ho diverses vegades decideix deixar-ho i es retira de la sala, acompanyat dels somriures commiseratius dels presents.

Abans de sortir es gira i, mirant-los, comenta:

—Però... ho he intentat, no? Almenys, ho he intentat!

Sí, amic lector. No deixem mai d'intentar-ho. Possiblement no ho aconseguirem, però, així i tot, qui sap si el nostre exemple és capaç d'animar els altres a intentar-ho, tal com succeeix al final de la pel·lícula.

Que la nostra actitud no impedeixi mai la nostra iniciativa.

És possible que avui se'ns presenti un problema difícil. Per difícil que sembli de resoldre, intentem-ho!

Sí, amic lector. Seguim aquest impuls positiu:

INTENTEM-HO SEMPRE!

És possible que, alguna vegada,
ho aconseguim.

No vulguem ser el campió dels pesos pesants!

INTENTEM ARRIBAR A SER EL CAMPIÓ DELS PESOS LLEUGERS.

S'EXPLICA que, una vegada, dos joves amics es trobaven a la platja. Un d'ells, anava acompanyat d'un xicot alt, fort, molt vigorós.

Fetes les presentacions, l'amic que anava sol, referint-se a la fortalesa del nou company, comentà:

—Jo, en el teu lloc, intentaria arribar a ser campió dels pesos pesants.

L'altre li respongué:

—Per què no intentes arribar a ser campió dels pesos lleugers?

Admirem en els altres uns valors que nosaltres no posseïm, sense voler apreciar aquelles qualitats que, potencialment, estan de la nostra pròpia personalitat.

Recordem el que un científic francès, company del savi Pascal, li comentà en certa ocasió.

Li digué:

—Si jo tingués un cervell com el teu, amic Pascal, seria un home millor.

Pascal li respongué:

—Per què no intentes ser un home millor i així tindràs un cervell com el meu?

Sí, amic lector. Seguim aquest impuls positiu:

NO VULGUEM SER EL CAMPIÓ
DELS PESOS PESANTS!

*Intentem arribar a ser el campió
dels pesos lleugers.*

Cerquem en el nostre propi terreny!

POTSER SIGUI EL QUE MÉS VAL.

EXPLIQUEN que, durant el segle passat, un pagès de Pensilvània, cansat de treballar la terra, volgué provar fortuna al Canadà, juntament amb un cosí seu que explotava un jaciment de petroli.

Es dedicà a estudiar a fons tot el que feia referència a la tècnica per extreure aquest preuat tresor del fons de la terra; vengué les seves terres a preu de saldo i decidí marxar al Canadà.

Mesos després, el comprador de la seva finca va fer un descobriment important.

En un rierol que servia d'abeurador col·locà un tauló que retenia una espècie d'escuma bruta, oliginosa i grisenca que flotava per damunt de l'aigua. Així, a l'altre costat del tauló el bestiar podia abeurar-se amb aigua més neta i més pura.

Fetes les indagacions pertinents resultà que aquella escuma bruta no era altra cosa que petroli d'hulla. Fou així com es descobriren els primers jaciments de petroli de Pensilvània.

Recordem el que va dir el savi: «El terreny més valuós és el que tens sota els teus peus».

Sí, amic lector. Seguim aquest impuls positiu:

CERQUEM EN EL NOSTRE PROPI TERRENY!

Potser sigui el que més val.

Tallem amb la mateixa destral!

PERÒ RENOVEM CONTÍNUAMENT ELS NOSTRES CONEIXEMENTS.

DIUEN que, una vegada, arribà un nou llenyataire a un poble del Canadà i féu coneixença amb els més vells de la comarca.

Un dia comentà amb un d'ells:

—Vostè té una bona destral.

—Sí, senyor —respongué el llenyataire—. Té més de cinquanta anys. Quan era vailet ja la tenia.

—Doncs mirant-la no sembla tan vella.

—Veurà vostè —respongué el veterà—. Li he canviat el capçal quatre vegades i sis vegades li he posat mànecs nous; però, a part d'això, és exactament la mateixa destral.

Amic lector. Si volem conservar sempre la nostra personalitat nova i fresca, disposada a actuar en tot moment, com la destral del llenyataire, cal renovar els nostres punts de vista, els nostres coneixements, la nostra formació. Renovem constantment les nostres capacitats. Mantinguem permanentment un esperit de millora.

Un vell eslògan referent a productivitat ens diu: «Sempre hi ha un mètode millor». I és cert. La perfecció és un objectiu que podem aconseguir constantment. Això és el que ens suggereix la curiosa anècdota de la destral. Canviem el capçal, substituïm el mànec, la mà que l'empunya, la personalitat que l'aguanta, encara que no ho sembli, sempre serà la mateixa. El nostre desig constant de renovació farà que modifiquem els instruments però sempre mantindrem la mateixa personalitat; la del llenyataire que utilitza la destral.

Sí, amic lector. Seguim aquest impuls positiu:

TALLEM AMB LA MATEIXA DESTRAL!

Però renovem contínuament els nostres coneixements.

Encaixem en el lloc adequat!

Només així serem eficients.

Una popular dita anglesa ens aconsella: *The right thing in the right place.* La cosa adequada en el lloc adequat.

Així ho van entendre les grans personalitats de la història, encaixant la seva pròpia personalitat en el lloc més adequat per a cadascun d'ells. Edison, Teresa de Calcuta o el doctor Fleming saberen adequar-se.

Cadascú de nosaltres és diferent dels altres. La suma ponderada dels seus valors, habilitats i aptituds és tan desigual com poden ser-ho entre si un martell, una esponja i un bisturí.

Considerats individualment, cada un d'aquests elements és molt vàlid i molt útil en el seu propi menester. Sempre que s'utilitzin en el seu lloc adequat. Mai no utilitzarem un martell per rentar un bebè, un bisturí per clavar un clau, ni podrem realitzar una operació quirúrgica amb una esponja. Tan sols dir això ja és absurd. I, tanmateix, amic lector, tots hem vist, alguna vegada, que hi ha persones que forcen, quasi obliguen a d'altres a fer un treball que no els va, seguir una carrera que no els plau i que mai no aplicaran en el futur, perquè en allò no són realment eficients.

El tractadista Spencer va dir una vegada: «La millora de la societat és impossible sense el perfeccionament dels individus».

La nostra superació es fonamenta en la nostra adequada utilització en el lloc que millor encaixi la nostra personalitat, com el martell, l'esponja i el bisturí són eficaços en el seu propi menester.

Sí, amic lector. Seguim aquest impuls positiu:

ENCAIXEM EN EL LLOC ADEQUAT!

Només així serem eficients.

Insistim a ser nosaltres mateixos!

PERQUÈ ARRIBAR A SER SIGNIFICA SER DIFERENT.

Fou don Miguel de Unamuno qui va escriure: «No et creguis més, ni menys, ni igual que qualsevol altre, perquè les persones no som quantitat. Cada un és únic i posa el teu principal interès a ser-ho a consciència».

Així ens ho confirma el poeta quan en un cant a la fidelitat a un mateix, ens escriu un romanç dedicat a un edifici singular, com és l'Empire State Building.

Del cel blau de Manhattan
en arribar, ets el primer.
Tu, Empire State Building,
edifici d'un Imperi.
Durant els anys vint
sorprengueres tot el món.

Fores la vuitena meravella,
nou monument,
antena de la llibertat,
símbol del progrés.
Quasi cinquanta milions
de persones ascendiren
al teu estatge cent-dos
—uns tres-cents vuitanta metres—
presentant-te l'homenatge
d'admiració i de respecte.
Ara que el temps ja ha passat
nous gratacels s'han alçat;
ara ja no ets el millor,
ni el més alt, ni el més bonic,
et mantens amb dignitat,
segueixes donant exemple
i, en la pròpia dimensió,
ets igual. Sempre serè.

Empire State Building,
m'ensenyes a ser sincer.
Ser qui sóc és l'objectiu;
ni el més alt ni el més perfecte
he de ser aquell que sóc:
el senyor, el propi Imperi.

Sí, amic lector. Seguim aquest impuls positiu:

INSISTIM A SER NOSALTRES MATEIXOS!

Perquè arribar a ser significa ser diferent.

Descobrim per a què servim!

TOTS SOM ÚTILS PER A ALGUNA COSA.

A VOLTES hem sentit algú prop nostre que es queixa exclamant la típica frase; «Jo no serveixo per a res!».

Víctor Hugo, en un dels seus poemes, digué:

El no-res no existeix.
El zero és irreal.
Tot és alguna cosa
Res no és no-res.

Sí, amic lector. Tots servim per alguna cosa. El que importa és saber per a què. Un pensador ens va dir: «L'única finalitat de l'home, mentre passa per aquest món, és conèixer les aptituds naturals i perfeccionar-les al màxim, per tal de crear amb elles tot el que sigui possible».

Recordo que una vegada, durant un viatge al Japó, un professor de la Universitat Catòlica de Sofia, a Tòquio, m'explicà, entre altres coses, la característica de les empreses japoneses d'indagar en els empleats la màxima eficàcia, analitzant per a què és útil la persona. Es preguntaven: aquest operari quin treball fa bé, mentre a un altre li és carregós? En quina tasca aquest home està demostrant la seva habilitat mentre a un altre li seria més difícil? I tot això en lloc de definir, a l'estil occidental —això em digué—: Per a què *no* serveix una persona?

Mentre aquesta actitud no s'escampi pel món, descobrint, en cada persona, des de la seva infància i joventut, per a què serveix, serà aquesta la tasca que cada individu haurà de fer personalment: «Descobrir les pròpies aptituds personals i perfeccionar-les al màxim per tal de crear amb elles tot el que sigui possible».

Sí, amic lector. Seguim aquest impuls positiu:

DESCOBRIM PER A QUÈ SERVIM!

Tots som útils per a alguna cosa.

Tinguem cura de les pròpies arrels!

ÉS ALLÀ ON NEIX LA SABA.

TOTA persona afeccionada a la jardineria es meravella contínuament apreciant el miracle de veure créixer un arbust, de seguir el naixement i desenvolupament d'una flor o veient, dia rera dia, com petits brots a les branques es transformen en fruits meravellosos. Si aquests fenòmens es produeixen, i ens omplen de satisfacció, i som testimonis de la força exuberant i permanent de la naturalesa, és perquè d'una manera modesta, ocupant el lloc més amagat dins la terra, hi ha les arrels que, com la ventafocs del conte, fan tota la feina i, com diu Tagore, «mai no exigeixen un premi per haver omplert les branques de fruits».

Atenguem, doncs, les arrels de l'arbust de la nostra pròpia personalitat, perquè d'elles en surt la saba que dóna estil i orienta el nostre comportament. Les nostres arrels són l'actitud que impregna la nostra capacitat d'acció. Tinguem-ne cura.

Ja ho diu el pensador Thoreau: «Mil talls a les fulles de l'arbre no fan tant de mal com un sol tall a les arrels», perquè «vivim damunt les nostres arrels i no damunt les branques».

Les nostres arrels personals —amagades als ulls dels qui ens envolten— són les que donen personalitat a la nostra existència. D'elles neix la saba que ens dóna l'energia i la força necessàries per enfrontar-nos als nostres objectius, i fer la nostra tasca, cada dia, i així transformar en realitat els nostres somnis. Potser ens preguntem: com cuidar les nostres arrels? Tots ho sabem: absorbint de la terra de la vida on estem immergits, els valors positius que poden consolidar el nostre interior, els nostres sentiments, la nostra raó, els nostres valors ètics i morals.

Llegim llibres que envigoritzin el nostre esperit. Assistim a conferències que ens formin. Compartim idees i sentiments amb persones que ens enriqueixin. Comportem-nos de manera que puguem ser exemple per a aquells que col·laboren amb nosaltres.

Vetllem les nostres arrels. Evoquem un proverbi georgià que diu: «Quan l'arbre està desarrelat les formigues l'assalten». Les nostres actuacions són fruit de la saba que creen i distribueixen les nostres arrels en el nostre arbre personal.

Sí, amic lector. Seguim aquest impuls positiu:

TINGUEM CURA DE LES PRÒPIES ARRELS!

És allà on neix la saba.

Pensem que podria ser pitjor!

VEUREM ELS NOSTRES PROBLEMES D'UNA ALTRA MANERA.

UNA història russa ens conta que, una vegada, un camperol jueu i amb molts fills, encalçat per les dificultats, després d'unes sequeres repetides i sense mitjans econòmics, digué al rabí del poble que volia suïcidar-se perquè la vida li era insuportable:

—Vols seguir un pla per canviar d'opinió i ser més valent davant la vida?

—Sí. Li prometo fer tot el que em digui.

El rabí li aconsellà:

—Compra una cabra i posa-la a viure a casa teva.

—Com puc conviure amb un animal així i exposar tota la meva família a les conseqüents molèsties?

—Fes-ho així i vine'm a visitar la propera setmana.

Així ho feu el pagès i a la setmana següent hi acudí desesperat.

—No és possible viure amb una cabra.

—No t'inquietis —digué el rabí—. Compra una altra cabra i fes el mateix aquesta setmana.

Molt angoixat tornà una setmana després, més ressentit que mai.

—Confia en mi i triomfaràs. Fes una cosa. Porta una tercera cabra a casa teva i la propera setmana vine a veure'm.

El nostre home, al límit de la desesperació, tornà i el seu conseller li va dir:

—Ara et queda la part final. Ven una cabra i vine a veure'm la setmana que ve.

Passat el termini, informà que trobava més pau a casa seva amb una cabra menys. El rabí li suggerí que es tragués de sobre la segona cabra. Una setmana després, el camperol considerà que viure amb una sola cabra era més tolerable i, després de rebre el consell de vendre la tercera cabra, en tornar confessà:

—Que tranquils i feliços estem avui a casa, sense cabres. Mai no ens hem de desesperar. Sempre hi ha situacions pitjors!

Sí, amic lector. Seguim aquest impuls positiu:

PENSEM QUE PODRIA SER PITJOR!

Veurem els nostres problemes d'una altra manera.

Evitem angoixar-nos per les decisions preses!

FOREN RECOLZADES OPORTUNAMENT EN ALTRES CIRCUMSTÀNCIES.

És possible, amic lector, que, alguna vegada, després d'haver decidit sobre un assumpte, se'ns plantegi un dubte i ens preguntem:

—He pres una bona decisió?

—Quines conseqüències pot tenir el que he decidit?

—He actuat correctament?

És lògic que es presentin aquestes preguntes a la nostra ment. Poden venir en situacions tan normals, com, per exemple, anant per la carretera amb un trànsit intens.

Imaginem-nos que estem conduint per una autopista que té diversos carrils. Anem per un d'ells però observem que els automòbils que circulen pel carril situat al nostre costat van més lleugers. Instintivament fem un tomb i ens introduïm en el que veiem que s'hi circula amb més rapidesa.

Però, passats uns quilòmetres, comprovem que els cotxes que viatgen pel carril que hem deixat, ara es mouen amb més velocitat que en el que anem nosaltres.

A l'instant se'ns acut un retret: «M'he equivocat! No havia d'haver canviat de carril!».

En realitat això no és cert. La nostra decisió, quan la prenguérem, era correcta perquè ho férem basant-nos en la informació de la qual disposàvem en el moment en què fou presa.

Quan ens succeeixi això, pensem que quan ho férem prenguérem una bona decisió. Aleshores actuàrem correctament.

Sí, amic lector. Seguim aquest impuls positiu:

EVITEM ANGOIXES PER LES DECISIONS PRESES!

Foren recolzades oportunament en altres circumstàncies.

Considerem l'error com un desviament!

I TORNEM AL CAMÍ AMB NATURALITAT.

NOMÉS aquell que actua, que treballa, que lluita per aconseguir uns objectius, pot arribar a cometre, a vegades, un error. Ja ho diu el refranyer espanyol: «Només trenca plats qui en frega molts».

Només es fa camí caminant. Qui sempre està assegut mai no ensopega.

Sí, amic lector, en el nostre avançar vers la realització d'un propòsit assenyalat, és possible que ens equivoquem. No tot el que fem ens sortirà bé. Un bon consell és veure l'equivocació com un desviament del nostre camí. Un desviament transitori i momentani vers el nostre objectiu. El que importa, quan això succeeixi, és saber tornar ràpidament al nostre camí, orientant-nos novament vers el destí marcat.

Evitem caure en l'error de persistir en la direcció equivocada. Que el perjudici no augmenti, com manifesta un aforisme escolàstic: «Fallar és humà; perseverar en l'error és diabòlic».

El propi Confuci ratifica aquest principi quan assegura: «La persona que ha comès un error i no el corregeix, comet un error encara més gran».

Cal corregir-lo com més aviat millor, tal com aconsella el nostre refranyer: «Un petit error al principi, és gran al final del camí».

Sí, amic lector, «equivocant-nos ens anem apropant a l'encert»; com va deixar escrit Metastasi, aprenem equivocant-nos. Un error desembarassat proporciona una base sòlida; així, a través dels errors, va creixent contínuament el tresor de la veritat.

Els bons arquers encerten la diana després d'haver rectificat la direcció del tir. Els trets anteriors mai no foren errors; foren temptatives d'apropament.

Sí, amic lector. Seguim aquest impuls positiu:

CONSIDEREM L'ERROR COM UN DESVIAMENT!

I tornem al camí amb naturalitat.

Deixem un bon record!

CONTINUEM VIVINT EN L'ABSÈNCIA.

L'ANY 1841, l'artista Franz Grillparzer digué a Àustria, referint-se al genial compositor Wolfgang Amadeus Mozart: «Encara que es desconegui la tomba on reposa, això a qui li importa, amics? Ell no ha mort».

Efectivament, Mozart no ha mort. Cada cop que sentim la seva música el seu record resta viu entre nosaltres. Continua existint malgrat la seva absència.

Nosaltres no som genials com fou Mozart, però també tenim la nostra música que la gent recorda durant la nostra absència, després que ja hem passat per un lloc. Són les nostres accions. És el nostre comportament. Sempre deixem petjades del nostre pas.

En el nostre recorregut sona la nostra melodia. Tots posseïm la nostra pròpia simfonia. La formen les opinions que donem, la manera com ens comportem. Els nostres moviments, els gestos, les mirades, les rialles, les carícies, les expressions i, especialment, la nostra veu són les seves notes musicals. Amb tot això els altres recorden el nostre pas per la vida.

També nosaltres, conscients o no d'això, podem seguir vius en la nostra absència.

Tal com actuem, així som recordats. Com digué el poeta:

Aquest és el moment de l'acció
perquè ells es recordin de mi.
Ara he de cantar-los la cançó.
Sols un cop per aquí passaré.

No cal sortir d'aquest món perquè segueixi viu el nostre record. El que interessa és fer bona música. Aquella que, com una cançó encomanadissa, és més agradable. I de forma immediata.

Sí, amic lector. Procurem que cada acció que avui realitzem, deixi un bon record del nostre pas. D'alguna manera, avui estem construint la imatge permanent que de nosaltres queda en el pensament d'aquells que es beneficien de la nostra acció. Si hem deixat un bon record del nostre pas per allà, continuen escoltant la nostra música.

Seguim, doncs, aquest impuls positiu:

DEIXEM UN BON RECORD!

Continuem vivint en l'absència.

No jutgem els altres!

QUI SAP SI ESTAN CAMINANT DAVANT NOSTRE.

L'ESCRIPTOR Jack Roberts narra que un amic seu, metge, li explicà, una vegada, que sortint del metro es posà a analitzar el caràcter de tres persones que havien baixat a la mateixa parada.

El primer caminava amb grans gambades, amb energia i decisió. Ben aviat arribà a la primera cantonada, situada a uns cinquanta metres.

El segon avançava molt a poc a poc, malgrat no ser gandul ni indolent.

El tercer anava arrossegant els peus, indolent, mirant cap a tots els costats, i el seu rostre reflectia el desànim i el pessimisme.

«Heus aquí tres homes —pensà el nostre amic—. El primer, sens dubte, triomfarà en la vida. El segon compleix el seu deure, però no sortirà de la mediocritat. Pel que fa al tercer, evidentment, és un fracassat.»

Després d'una pausa, el metge afegí: «Però, a continuació, se m'ocorregué, amb força, un pensament: els tres homes caminaven davant meu!».

Sí, amic lector. A voltes observem els altres i ens atrevim a jutjar-los sense comparar-los amb nosaltres mateixos, ni tan sols conèixer les circumstàncies en les quals es troben. Potser nosaltres, si estiguéssim en la mateixa situació, faríem el mateix o actuaríem pitjor.

Seguim, doncs, aquest impuls positiu:

NO JUTGEM ELS ALTRES!

Qui sap si estan caminant davant nostre.

Fem inventari d'allò que ens queda!

APRECIEM COM SOM DE RICS.

UN pensador de l'antiguitat va dir: «Solem queixar-nos del que ens falta, quan hauríem de celebrar tot el que tenim».

Sí. Fem inventari dels nostres beneficis en lloc de plorar per les nostres pèrdues. La nostra ment, a voltes, ens juga la mala passada de preocupar-nos comparant la nostra situació amb aquells que frueixen de més béns i satisfaccions que nosaltres. Ara cal seguir aquest impuls positiu i escriure. Sí, amic lector. Agafem paper i llapis. Escrivim tot allò que tenim avui. Anem a fer una venda difícil: nosaltres mateixos. Tot el que tenim, com ho valorem?

Primera pensem en la part material. Les nostres propietats, els mobles, el cotxe, la televisió, els diners estalviats. No estem tan malament, especialment si en lloc de viure ara ens hagués tocat viure a l'Edat Mitjana.

Continuem. Valorem ara la part intel·lectual. En què tinc experiència? Els meus coneixements em són útils en la meva professió? Quins estudis he fet? Tinc un treball segur o possibilitats de tenir-lo?

I en el camp social, tinc amics? Els meus clients em coneixen i m'aprecien? Hi ha persones que m'atorguen la seva confiança? Tampoc estic tan malament sota aquest aspecte.

Vejam com estic en l'àmbit familiar. Visc satisfet amb la meva parella? Els meus fills, m'aprecien i em respecten? Els meus pares, estan contents de mi? Com em consideren els meus familiars pròxims i llunyans? M'estimen? No em puc queixar en aquesta àrea.

I en la pròpia valoració, quines habilitats específiques posseeixo? Per a què sóc útil? Què faig bé que a d'altres els costa de fer? Quins valors humans diuen els altres que posseeixo? Sóc diferent dels altres en algun aspecte? Especialment, tinc la meva pròpia sensibilitat, tampoc no sóc tan pobre en aquests valors.

I, finalment, com a ésser humà, com sóc? Segons una valoració material, es diu que el greix, el nitrat, el sodi, el potasi, la sal, etc., de què està formada una persona humana, no valen més d'unes mil pessetes. Per quant em vendria jo? Per quants milions?

No. No hi ha prou or al món per pagar, per poder veure, assaborir, escoltar, tocar i olorar tot el que ens envolta.

Sí, amic lector. Seguim aquest impuls positiu:

FEM INVENTARI D'ALLÒ QUE ENS QUEDA!

Apreciem com som de rics.

Sapiguem acceptar amb senzillesa una distinció!

ÉS UNA MANERA DE VALORAR AQUELL QUE ENS HONORA.

A VEGADES hem sentit dir a algun guardonat: «No mereixo aquest premi», i llavors sense voler ofèn el jurat que el designà com a guanyador.

És com refusar un elogi. Es diu que aquell que obra d'aquesta manera desitja ser elogiat dues vegades, perquè davant les seves protestes de falsa modèstia, insisteixin amb nous elogis.

Explicava Azorín, ja fa uns anys, que el comte de Tendilla, quan era ambaixador d'Espanya a Roma, un dia fou invitat a menjar pel duc de Florència, el qual, a l'hora de dinar, indicà al comte que ocupés el lloc més honorífic de la taula. Aquest s'hi negà manifestament al·legant que el qui havia d'ocupar aquell lloc era l'amfitrió, el mateix duc. Aquest seguí insistint amb la seva cortesia i el comte persistí novament en la seva negativa. Aleshores el duc de Florència, senyor de la casa, es dirigí al majordom i li digué:

—Digueu que donin les claus de la casa al comte, perquè vol manar-hi més que jo.

A voltes, aquestes lluites de cortesia absurdes que s'originen entre aquell que concedeix la distinció i qui la rep, acaben sent molestes i desagradables.

Si algú ens fa un elogi, ens concedeix un premi, ens destaca amb una distinció o ens ofereix un lloc preferent, acceptem-ho sense protestar, admetem-lo sense regateig. Serà una forma cortesa de retornar el favor a qui ens honora. D'aquesta manera tot transcorrerà suaument, amb una gentil actitud per les dues parts.

Sí, amic lector. Seguim aquest impuls positiu:

SAPIGUEM ACCEPTAR AMB SENZILLESA UNA DISTINCIÓ!

És una manera de valorar aquell que ens honora.

Reconeguem el valor d'un somriure!

I OFERIM-LO A AQUELLS QUE JA NO EN TENEN CAP PER DONAR.

L'ESCRIPTOR Frank Irvin Fletcher ens deixà un poema titulat *El valor d'un somriure,* que ens disposa a donar-lo als altres.

Coneguem-lo:

No costa res i crea molt.
Enriqueix aquell que el rep
sense empobrir aquell qui el dóna.
És molt ràpid, com un flaix
dins la ment, i es conserva en el record.
Du felicitat a la llar,
beneficia el tracte en reunions
i l'afalac entre els amics.
Exclou la fatiga,
esvaeix el desànim

i apaga la tristor.
És l'antídot natural
per eliminar problemes.
No es pot comprar o suplicar,
mai no es presta ni s'agafa
i és el bé més cotitzat
quan es dóna gentilment.
Quan els altres, ja cansats,
no ens puguin dar una rialla
oferim-ne una de nostra.
Ningú no necessita tant
un somriure com aquells
que no en tenen cap per dar.

Molts poetes han excel·lit el valor d'un somriure. Entre els més sensibles destaquen les paraules de Rabindranath Tagore, quan ens diu: «Diuen que el somieig d'un matí de tardor neteja el rou d'un pàl·lid raig de la Lluna nova, i, damunt l'entorn d'un núvol que marxa, fa néixer, per primera vegada, el somriure als llavis d'un infant. Mai una mare no fou tan feliç!».

Sí, amic lector. Seguim aquest impuls positiu:

RECONEGUEM EL VALOR D'UN SOMRIURE!

I oferim-lo a aquells que ja no en tenen cap per donar.

Celebrem el Dia Internacional del Somriure!

CANVIAREM EL MÓN DURANT UN DIA.

UN aforisme francès ens recorda: «El somriure és un deure social».

Sí, amic lector. Quan els xinesos digueren: «La persona que no sap somriure no ha d'obrir un establiment», s'oblidaren d'inventar el Dia Internacional del Somriure.

Avui, amb aquest impuls positiu, el promulguem nosaltres.

Com podem celebrar-lo? Senzillament, somrient. Però, somrient a soles? No, no. La celebració d'aquest dia ens convida a somriure a algú. No en va, el refranyer espanyol ens diu: «Qui riu a soles recorda les seves picardies».

Somriguem avui, a tota persona amb la qual mantinguem una relació per petita que sigui.

Conduïm un taxi? Somriguem cordialment a tot nou passatger en rebre'l dient-li: «Bon dia!».

Treballem en un taller o en un despatx? Somriguem al company que tenim al costat.

Ens desplacem a fer una visita? Somriguem, quan arribem, al conserge, a la secretària, al nostre client, al nostre amic.

Estem a casa amb algú? Somriguem-li.

Que el nostre somriure sigui obert, cordial, ampli, clar. Que reflecteixi l'alegria interior.

Si estem venent en un establiment, avancem el nostre somriure quan donen la benvinguda a un comprador i mentre estigui amb nosaltres.

Al final de la feina, quan arribem a casa, somriguem a la portera, als veïns que trobem i a tota la nostra família quan entrem a casa. En arribar la nit, alguna cosa haurà succeït. Ens sentirem més satisfets. Haurem celebrat el Dia Internacional del Somriure. Qui ens impedeix tornar-lo a celebrar demà?

Sí, amic lector. Seguim aquest impuls positiu:

CELEBREM EL DIA INTERNACIONAL DEL SOMRIURE!

Canviarem el món durant un dia.

Somriguem!

QUI SAP SOMRIURE TRANSMET FORÇA.

SCHUMAN deia: «No vull saber res de persones que no somriuen mai! No són gent seriosa».

I així és. Un somriure és una manifestació d'alegria interior. Ningú no ha dit que el qui és alegre és diferent del qui és seriós. Si és diferent d'algú ho és del qui és trist.

Recordem els consells de P. de Foucauld quan diu: «Esforcem-nos a somriure; però amb un esforç que surti de l'ànima, del cor, no solament de la boca. Un somriure que significqui: «Us aprecio; la vostra presència fa sentir-me molt de gust. M'alegro de veure-us, d'estar amb vosaltres».

Jo crec que és convenient somriure sempre, fins i tot en les coses més insignificants. «Cada cop que somric sento que m'apropo més a les persones», deia Maurice Chevalier.

Fins i tot en moments difícils és convenient somriure, com ens diu Guy de Larigaudie amb aquest text: «Hi ha una manera de crear-se una personalitat amistosa: és el somriure. No em refereixo al somriure irònic i burleta, a aquell que judica i degrada. Faig al·lusió, naturalment, al somriure ampli i clar. Al somriure a flor de rialla. Quina força té aquell que sap somriure!».

Fins i tot podem donar un condol amb el somriure als llavis. Podem transmetre afecte, condol i pau als altres amb un somriure.

Sí, amic lector. Seguim aquest impuls positiu:

SOMRIGUEM!

Qui sap somriure transmet força.

Sapiguem participar amb suavitat!

Així aconseguirem ser acceptats pels altres.

Diuen que a l'antiga Grècia hi havia una associació anomenada l'Acadèmia del Silenci formada per socis que celebraven les seves reunions en silenci total i en què les idees eren comunicades únicament per gestos i actituds.

Un dia es presentà un foraster a l'Acadèmia manifestant el desig d'adherir-s'hi. El president intentà explicar-li, amb silenci, en presència de la Junta, que el grup estava complert i no era possible admetre nous socis.

Per tal de demostrar millor el que deia, agafà una copa plena d'aigua, de manera que no n'hi cabia ni una gota més, i tirà una pedra a dintre i el líquid es vessà. L'aspirant entengué la idea i cortesament es retirà. Pocs minuts després, amb gran sorpresa per part dels membres de l'Associació, tornà.

Un xic molest, el president repetí l'escena de l'aigua i la copa; quan anava a tirar la pedra, el foraster s'avançà, i amb suavitat, hi dipositià un pètal de rosa. Aquest quedà flotant en la superfície sense que es vessés ni una sola gota.

L'aspirant fou acceptat a l'Acadèmia del Silenci.

Volem que els altres ens admetin? Trobem el nostre pètal de rosa, és a dir, la fórmula adequada que elimini les dificultats i serem estimats a tot arreu.

Evitem caure com pedres en les reunions en les quals participem. Procurem lliscar com pètals perfumats, sense desplaçar ningú!

Sí, amic lector. Seguim aquest impuls positiu:

SAPIGUEM PARTICIPAR AMB SUAVITAT!

Així aconseguirem ser acceptats pels altres.

Continuem empaitant papallones!

COM NENS PERDUTS, CERCANT LA FELICITAT.

Fou el poeta Ryusui Yoshida qui va escriure: «El nen que s'ha perdut en el bosc plora, però segueix empaitant papallones».

A voltes he pensat que l'autor d'aquest senzill poema volgué reflectir-hi la Humanitat.

El poeta d'Yzard-Freissinet, amb els seus pensaments, també deixà escrita una evocació similar: «Hem de creure en la felicitat fins a l'extrem de preocupar-nos de perseguir-la; és en això on es troba el secret de ser feliços».

És característic i ben conegut l'eslògan internacional dels Jocs Olímpics, original del baró de Coubertin: «El que compta no és guanyar, sinó participar».

Durant la meva joventut vaig ser atleta. Corria els 100 metres llisos. Vaig guanyar algunes competicions, però la meva obsessió era superar la marca. En un any vaig aconseguir rebaixar set dècimes de segon.

Recordant el que deia Cervantes, referent a la posada i a la sendera, podríem argumentar: «Sentim-nos feliços, en el camí, durant la cursa. No esperem ser-ho a la meta».

Sí, amic lector: no intentem ser el rei en un país de bornis. Millorem constantment el nostre rècord, el nostre punt de vista. Tot empaitant papallones, perfeccionem la nostra capacitat de saltar i córrer.

«Per què, a vegades, no trobem la felicitat?», es preguntava l'escriptor J. V. Kapff Essenther, i ell mateix responia: «Perquè la busquem on no hi és: al cim de l'existència, a una llunyania remota on creix la «flor blava». La felicitat, al contrari, viu en un lloc tranquil, fosc i profundament amagada, no lluny de nosaltres i on poques vegades arribem: és dintre de nosaltres mateixos».

I si el motiu de l'existència dels nostres propòsits, dels objectius que ens marquem, fos ajudar-nos a ser feliços, procurant aconseguir-los, a fruir del camí, de la nostra cursa en el procés de millora que experimentem en el nostre afany per arribar a la meta?

Sí, amic lector. Seguim aquest impuls positiu:

CONTINUEM EMPAITANT PAPALLONES!

Com nens perduts, cercant la felicitat.

Portem la vida com una torxa!

I LLIUREM-LA LLUMINOSA I BRILLANT AL NOSTRE RELLEU.

Tots hem vist alguna vegada, personalment o en imatges, la figura d'un atleta portador de la torxa dels Jocs Olímpics. I hem apreciat amb quina delicadesa, amb quina satisfacció la duia, mostrant-la ben alta per allà on passava. Els qui ho han fet confessen que recordaran tota la vida l'emoció que experimentaren durant els minuts que durà la seva breu cursa.

Així mateix, amb el mateix orgull que un atleta que duu la torxa, nosaltres hauríem de portar la pròpia vida. No amb pas vacil·lant i insegur, com qui aguanta una espelma temerós que se li apagui mentre la porta, sinó com qui enlaira una torxa plena de llum, orgullós d'il·luminar els altres, com fa el sol que es reserva les taques i dóna llum i calor al voltant seu.

Així és com ens ho exposa, amb les seves paraules, George Bernard Shaw, quan diu: «Jo frueixo de la vida, pel sol fet de viure. La vida no és per a mi com una espelma insignificant. És una torxa magnífica que sostinc ferma amb la mà. I vull que sempre sigui lluminosa i brillant, tant com em sigui possible, abans de lliurar-la a les pròximes generacions, en aquesta cursa de relleus».

Sí, amic lector. Portem la torxa de la nostra pròpia vida amb l'íntima i profunda satisfacció de l'atleta que transporta el foc d'Olímpia.

Seguim aquest impuls positiu:

PORTEM LA VIDA COM UNA TORXA!

I lliurem-la lluminosa i brillant
al nostre relleu.

Donem sempre una mica més!

EL MÀXIM I UNA MICA MÉS.

Així afirmava l'escriptor Henri Bordeau, quan ens estimulava dient: «Convé una mica més; el màxim i una mica més».

I aquest impuls positiu es presenta també, instant-nos a una constant superació, en els escrits de Gibbson quan ens diu: «Tot el que és humà tendeix a progressar, no a retrocedir».

Per això el poeta compara la nostra vida amb uns Jocs Olímpics de constant millora en la nostra actuació, quan diu:

Quan vaig iniciar la vida
algú va encendre la torxa
inaugurant uns Jocs:
els de la pròpia Olimpíada.

D'aleshores ençà llanço i corro
sens parar avui i demà,
i així visc, perdo o guanyo,
com atleta sempre en marxa.

I així la vida es va fent.
Rivalitat constant
amb ningú. Amb mi mateix
per millorar la marca.

No hi ha jutges ni trofeus.
Sóc el mateix, allà a les grades,
que felicita l'atleta,
o desvia la mirada.

I tots els altres amb mi,
que a l'ensems miren o llancen,
intentant uns i altres
superar les pròpies marques.

Que, en cursa de relleus
nostra història humana avança,
posant el llistó més alt
i la cursa més àgil.

Quan vaig iniciar la vida,
algú va encendre la torxa.
D'aleshores llanço i corro
en l'Eterna Olimpíada.

Sí, amic lector. Seguim aquest impuls positiu:

DONEM SEMPRE UNA MICA MÉS!

El màxim i una mica més.

No ens neguitegem davant d'un fracàs!

SAPIGUEM TREURE'N UNA LLIÇÓ.

COM el doctor John Donelly ens recomanava: «Cada fracàs del qual sapiguem extreure'n una lliçó valora en nosaltres una experiència, i ens proporciona un bon coneixement que, d'alguna manera, incrementa el nostre poder per afrontar, amb seguretat, els nostres problemes».

Admiro d'una persona que ha tingut un fracàs la manera com reacciona davant d'ell, ja que, com diuen, «una persona intel·ligent, de seguida es recupera d'un malencert. Tanmateix, un ximple mai no es recupera d'un èxit».

Hem d'admetre que al llarg de la vida, tots tenim fracassos, però l'èxit, com el fracàs, segons diu l'escriptor Jorge Borges, són dos enganyadors. «Mai no hi ha hagut ningú que hagi tingut tant d'èxit ni ningú que hagi fracassat tant».

Si fem cas del consell d'Amado Nervo, el qual assegura que «la majoria dels nostres fracassos vénen perquè volem avançar l'hora dels èxits», comprendrem millor que ens trobem en el camí de l'èxit quan considerem que un fracàs no és, ni més ni menys, que una desviació provisional.

L'única persona que mai no pot fracassar és aquella que mai no fa res.

No, amic lector, no ens neguitegem davant d'un fracàs, ja que, com diu Goldsmith, «la nostra glòria més gran no consisteix a no haver caigut mai, sinó a alçar-nos cada cop que caiem», perquè solament aquell que cau pot oferir als altres l'edificant exemple de tornar-se a alçar».

Sí, amic lector. Seguim aquest impuls positiu:

NO ENS NEGUITEGEM DAVANT D'UN FRACÀS!

Sapiguem treure'n una lliçó.

Parem esment de cada minut!

LES HORES S'ATENEN PER SI MATEIXES.

EXPLIQUEN que quan Bernard Berensen, conegut crític d'art, estava a punt de complir noranta anys, va dir:

—M'agradaria posar-me a una cantonada amb el barret a la mà, demanant als vianants que hi deixessin caure tots els minuts de la seva vida que mai no utilitzaren.

No caldria fer això, sinó mirar de recollir aquells minuts que nosaltres mateixos vàrem desaprofitar durant la nostra vida. El més dolorós és que l'única cosa que perdem, que estem segurs que mai més no recuperarem, és el temps.

Així ho comentava Víctor Hugo quan deixà escrit aquest pensament: «Tan breu que és la vida i encara l'escurcem més amb la insensata pèrdua del temps».

Per més lentament que ens sembli que passen les hores, sempre les trobarem curtes si pensem que mai més no han de tornar a passar.

Si ens fixem bé, aquelles persones que contínuament es lamenten de la brevetat del temps són precisament les que pitjor l'utilitzen.

Aprenem, doncs, del que Lord Chesterfield ens deixà escrit: «Coneguem el valor del temps. Agafem, aprofitem i gaudim de cada moment. No malgastem el temps, no tinguem mandra, no ajornem les coses. No deixem per demà allò que podem fer avui».

Si és cert —com assegurava Fenelon— que el més gran de tots els sacrificis és el sacrifici del temps proposem-nos, des d'ara, no sacrificar-lo més i fer la nostra vida el més agradable possible.

En una revista vaig descobrir un bon remei, unes orientacions anònimes que em feren apreciar el temps, de forma positiva, i el valor de cada instant. Deia així: «Què és el temps? Una sèrie ininterrompuda d'instants presents».

Amic lector. Repeteixo aquesta definició per la força que té. «El temps és una successió ininterrompuda d'instants presents.» Acostumem-nos a viure i aprofitar cada moment present ara. El millor possible, i tota la nostra vida transcorrerà agradablement i ben aprofitada.

Seguim, doncs, aquest impuls positiu:

PAREM ESMENT DE CADA MINUT!

Les hores s'atenen per si mateixes.

Cerquem temps per viure!

QUE GUANYAR-NOS LA VIDA
NO ENS IMPEDEIXI FRUIR-LA.

HEM de buscar temps per aprendre l'art de viure.

Segons l'escriptor Wilfred Paterson:

«Cerquem temps per llegir:
així esponjarem els pensaments dels savis,
dels poetes, dels filòsofs i dels humanistes.
Cerquem temps per escoltar música:
així fruirem netejant el nostre esperit
de la pols del camí.
Cerquem temps per als amics:
per parlar amb ells al costat del foc o passejant sota les estrelles.
Cerquem temps per riure:
alegrarem el cor i pel nostre cos
circularà la felicitat.
Cerquem temps per viatjar:
visitarem racons desconeguts que
ens ofereix aquest planeta.
Cerquem temps per a la naturalesa:
fruirem de les flors, dels arbres,
dels ocells i de les postes de sol.

Cerquem temps per estimar i ser estimats:
perquè l'amor és el sentiment
que ens fa grans.
Cerquem temps per tractar amb els altres:
ens enriquirem intercanviant
idees i sentiments.
Cerquem temps per estar sols:
podrem conversar amb nosaltres mateixos
amb tranquil·litat i conèixer el nostre interior.
Cerquem temps per donar-nos als altres:
contribuirem amb els nostres talents,
les nostres habilitats i les nostres conviccions
al constant desenvolupament de la humanitat.
Cerquem temps per resar:
així obrirem les nostres vides
a la font inesgotable de la vitalitat.

Sí. Cerquem temps per fruir de la vida i seguim l'orientació del poeta Matthew Arnold quan ens diu: «No em deixeu morir abans que no hagi après a viure».

Sí, amic lector. Seguim aquest impuls positiu:

CERQUEM TEMPS PER VIURE!

Que guanyar-nos la vida no ens impedeixi fruir-la.

Aprofitem el corrent de l'aigua del riu quan passa!

PERQUÈ L'AIGUA DEL RIU NO TORNA ENRERA.

EL pensament de l'escriptor Edward Howard Griggs transforma en poema l'analogia del temps i del riu. Traduït, diu així:

«El corrent del riu del temps sempre transcorre amb regular i implacable marxa. Hi ha hores en les quals desitjaríem tenir el poder de deturar la fluïdesa de les seves aigües i hores en què voldríem que la seva velocitat fos més ràpida, però el nostre desig i el nostre esforç són banals. Quan treballem o quan dormim, enriquint-nos o descansant, gaudint o sofrint, el riu del temps manté la mateixa velocitat. I és únicament mentre el corrent del riu fa el seu camí, durant la nostra vida de cada dia, que hem d'aprofitar-lo. Un cop ha passat, les seves aigües van a l'inabastable mar de l'eternitat.

»Vindran altres oportunitats, altres aigües correran, però aquelles que passaren, les que s'escapoliren, aquelles que es perderen totalment, aquelles mai més no tornaran».

També el nostre refranyer té un proverbi que ens recorda aquests problemes: «El present dura tan poc, que en anomenar-lo ja ha passat».

Sí, amic lector. No podem fer deturar el dia, és cert, però sí que podem aprofitar-lo i no perdre'l.

Ja que el temps és la cosa més valuosa que podem gastar, invertim-lo bé, utilitzem-lo satisfactòriament. Fem cas dels consells de Sèneca: «Totes les coses ens són alienes. Tan sols el temps és nostre. I el temps és l'únic bé del qual és lloable l'avarícia».

Seguim, doncs, aquest impuls positiu:

APROFITEM EL CORRENT DE L'AIGUA
DEL RIU QUAN PASSA!

Perquè l'aigua del riu no torna enrera.

Donem valor al nostre temps!

AIXÍ L'UTILITZAREM AMB MÉS COMPTE.

El temps és l'únic valor que no podem estalviar. No hi ha forma material de guardar una hora de la nostra vida a la cartera, ni de dipositar el temps d'un dia en el banc per tal de gastar-lo després. Estem condemnats a utilitzar cada minut de la nostra vida. I utilitzar-lo, ara! en el moment precís en el qual el rebem.

Una anècdota de Marden ens exposa un fet significatiu del valor del temps.

Un home que s'havia passejat una hora per davant l'aparador de la llibreria de Benjamin Franklin, es decidí a entrar i a preguntar al dependent:

—Quan val aquest llibre?

—Un dòlar.

—No pot donar-me'l per menys?

—No. Val un dòlar.

El nostre home dubtà i després insistí:

—Hi és el senyor Franklin?

—Sí, senyor. Però té molta feina a la impremta.

El dependent avisà el propietari i quan aquest aparegué el comprador li preguntà:

—Senyor Franklin, quin és l'últim preu d'aquest llibre?

—Un dòlar i quart.

—Però si el dependent me n'acaba de demanar només un dòlar!

—És cert. Però jo he hagut de deixar el meu treball. I això val molt per a mi.

L'home, sorprès, tornà a dubtar i finalment decidint-se tornà a insistir:

—Bé. Diguim el seu últim preu.

—Un dòlar i mig.

—Com! Si ara m'acaba de dir un dòlar i quart!

—És cert. Però el temps que he perdut ara ha fet pujar el preu.

El nostre dome callà, pagà i marxà amb el llibre i la lliçó ben apresa.

A la nostra manera, al nostre aire, amb la nostra apreciació personal, no malgastem el temps.

Sí, amic lector. Seguim aquest impuls positiu:

DONEM VALOR AL NOSTRE TEMPS!

Així l'utilitzarem amb més compte.

Estalviem el temps!

ÉS MÉS VALUÓS QUE EL FIL.

CONTEN que, un matí, Andrew Carnegie, el gran magnat de l'acer, va interviuar dos xicots que li demanaven col·locació. Va posar un paquet davant de cada un d'ells i els digué que l'obrissin.

Un d'ells esmerçà un temps desfent curosament el fil que lligava el paquet i col·locant-lo damunt la taula. L'altre agafà les tisores, tallà el fil i el va tirar a la paperera. Un cop feta aquesta prova, indicà als dos nois que esperessin fora.

La seva secretària li preguntà:

—Què li sembla? Dic al noi que estalvià el fil que està acceptat?

Carnegie li respongué:

—Ja no estem en època d'estalviar fil. Ara hem de saber estalviar temps. És més valuós. Digues al segon que el lloc és seu.

Sí, amic lector. Estalviem el temps; és molt més valuós que el fil. El temps, com digué Franklin, «és part de la tela amb la qual teixim la nostra vida».

Seguim aquest impuls positiu:

ESTALVIEM EL TEMPS!

És més valuós que el fil.

Coneguem les cinc regles per a viure millor!

I INTENTEM APLICAR-LES.

La major part dels doctors estan d'acord a considerar que tres de cada quatre pacients que ells visiten pateixen malalties emocionals que podrien haver-se evitat si oportunament haguessin pres aquestes cinc píndoles preventives, cinc regles per a viure millor.

Són originals del doctor J. A. Schindler.

Vegem-les:

1. Deixem d'aturar-nos a escoltar un soroll que sona dins el motor. La persona

que sempre tem problemes acaba trobant-los.

2. Aprenguem a fruir del nostre treball. Si detestem el nostre treball cerquem-ne un altre que ens agradi.
3. Tinguem com a mínim un *hobby,* una afecció i dediquem-nos-hi amb afecte. Els *hobbies* relaxen la tensió.
4. Aprenguem a gaudir amb la gent i oblidem i perdonem les ofenses.
5. Enfrontem-nos a la vida amb confiança i decisió.

Aquelles persones que prenen diàriament aquestes píndoles preventives diuen que frueixen més de la vida.

Seguim, doncs, aquest impuls positiu:

CONEGUEM LES CINC REGLES PER A VIURE MILLOR!

I intentem aplicar-les.

Apostem pel present!

NOMÉS AIXÍ PODREM GUANYAR.

EN algunes entrevistes escrites, a vegades, hem llegit que el periodista, per tal de donar un toc original al seu reportatge, pregunta al seu interviuat: «A quina època de la història li hagués agradat viure?».

L'escriptor Art Buchwald va dir una vegada: «No sé exactament si aquests temps són bons, però sí que sé que aquest és l'únic temps del qual disposo».

Sí, amic lector. Aquest és l'únic temps del qual disposem i, el moment present, el que ara transcorre mentre llegim aquest llibre i aquest impuls positiu, és veritablement important perquè és l'instant present en el qual ens sentim vius.

L'autor Carlyle arribà a dir: «És una il·lusió pensar que l'hora present no és la decisiva i la crítica de la nostra vida».

Ho és perquè, segons Marden, «en el gran rellotge del temps només hi ha una paraula: ara». I això és cert. El nostre destí del demà, per molt savis que siguem, no el podem preveure ni tan sols suposar. No deixem, doncs, que l'Avui transcorri en va, perquè aquest dia mai més no tornarà.

Aquest és el moment d'apostar pel present. Fem el que ens va indicar el pensador Goethe: «Agafem fortament l'hora present. Cada minut, cada segon d'ella té un valor infinit... Jo he procurat que aquesta suma fos el més alt possible».

No somniem a arribar a aconseguir, en el futur, allò que avui no estem fent. Donem al present tot el valor del nostre esforç, de la nostra habilitat, del nostre ajut, de la nostra entrega.

Qui aposta fort pel present, el demà li és profitós!

Sí, amic lector. Seguim aquest impuls positiu:

APOSTEM PEL PRESENT!

Només així podrem guanyar.

Gaudim d'aquest dia!

NO ESMERCEM L'ENERGIA EN PUERILS PREOCUPACIONS.

ALGÚ ens va dir, una vegada, que cada dia comença un nou any. Que cada dia ens ofereix la possibilitat de gaudir-lo amb plenitud com si fos l'únic.

Així ens ho recorda un poema anònim, titulat *Dia d'alegria*.

Gaudim d'aquest dia
com si fos el darrer.
Enfoquem el futur.
No mirem mai enrera.

En aquest dia d'avui
pot ocorre'ns el millor
si no gasto l'energia
*en angoixes pueril*s.

El nou dia m'ofereix
l'emocionada alegria
de sentir el meu respir,
de saber que encara visc.

Avui obraré millor
en aquest món ja tant vell,
perquè aquest matí, el sol
ha estrenat uns rajos nous
per contemplar l'esperança
que habita en el nostre cor.

Confio en la meva marxa.
Donem força a l'ocasió!

Sí, amic lector. Avui és el millor dia per gaudir de la nostra marxa, per donar força a l'ocasió. Perquè avui ens sentim bategar. Estem vius!

Seguim, doncs, aquest impuls positiu:

GAUDIM D'AQUEST DIA!

*No esmercem l'energia en pueril*s *preocupacions.*

Índex

Pròleg 7

Acció
Recollim sempre les molles! 13
Freguem la nostra llanterna màgica! 15
Seguim quan calgui! 17
Mantinguem activa la nostra vida! 19
Donem un bon cop de cisell... cada vegada! 21
Tirem l'ham a l'aigua! 23
Siguem com el rierol! 25

ACTITUD POSITIVA
Cantem sota la pluja! 27

AFECTE
Que els nostres obsequis reflecteixin el nostre afecte! 29

AFECCIÓ
Siguem sempre afeccionats! 31

AGRAÏMENT
Donem gràcies a algú! 33
Corresponguem sempre a un favor rebut! 35

AJUT
No intentem canviar l'altra persona! 37
Ajudem els altres a desenvolupar-se! 39

AMABILITAT
Donem un «Bon dia» amable cada matí! 41

AMISTAT
Conservem els bons amics! 43
Siguem bons amics dels nostres amics! 45

ÀNIM
Animem qui està dubtant! 47
Mantinguem el cor sempre jove! 49

APLICACIÓ
El més important no és la màquina! 51

AUTOCONTROL
Siguem realment com volem ser! 53
No ens aventurem a anticipar decisions alienes! 55

CAPACITAT
Admetem que som el que som! 57
Aconseguim el màxim de tot! 59

COL·LABORACIÓ
Donem companyia a qui la necessita! 61
Actuem en equip! 63
Col·laborem! 65
Tirem llenya al foc! 67

COMUNICACIÓ
Donem les nostres opinions des del punt de vista esperançador! 69
Fem clar allò que és complex! 71

CONFIANÇA
Creguem en nosaltres mateixos! 73
Tinguem confiança en el nostre pla! 75

CONSTÀNCIA
Apliquem constància i tinguem paciència! 77

CREATIVITAT
Pensem en coses que mai no han existit! 79
Creem el nostre banc d'idees! 81

DESENVOLUPAMENT
Intentem noves experiències! 83

EFICÀCIA
Siguem eficients en actuar! 85

ENTERESA
Siguem enclusa, si cal! 87

ESFORÇ
No hi ha martells que piquin sols! 89

ESPERANÇA
Mantinguem sempre viva l'esperança! 91

EXCEL·LÈNCIA
Cerquem l'excel·lència! 93

EXPERIÈNCIA
Provem si funciona! 95
Valorem l'experiència 97

FE
Tinguem fe! 99
Amb fe aconseguirem les coses! 101

FELICITAT
Adonem-nos-en a temps! 103
Cerquem a dintre! 105
Siguem conscients de la nostra felicitat! 107

FUTUR
Atansem-nos al futur! 109
Fonamentem el futur en la roca sòlida de l'avui! 111

INICI
Comencem cada dia el nostre any nou personal! 113

MILLORA
No posem límits a les nostres possibilitats! 115
Millorem! És aquesta la paraula 117

MOTIVACIÓ
Tinguem una motivació interna! 119

OBJECTIUS
Posem un desig dins la nostra ment! 121
Transformem els nostres somnis en realitats! 123
Marquem-nos objectius que ens estimulin! 125
Sapiguem d'on bufa el vent! 127

Estructurem un propòsit! 129
Cerquem el doctor Livingstone! 131

OPTIMISME
Siguem optimistes! 133
Seguim el credo de l'optimista! 135

ORIENTACIÓ PRÒPIA
Tinguem el nostre propi camí! 137

PACIÈNCIA
No exigim el futur ràpidament! 139

PENSAMENT
Afrontem els obstacles des de dins! 141
Així pensem, així som! 143

PERSEVERANÇA
Mai! Mai! Mai no ens donem per vençuts! 145
Continuem insistint! 147

PERSISTÈNCIA
No deixem de trucar a la porta! 149
Intentem-ho sempre! 151

PERSONALITAT
No vulguem ser el campió dels pesos pesants! 153
Cerquem en el nostre propi terreny! 155
Tallem amb la mateixa destral! 157

Encaixem en el lloc adequat! 159
Insistim a ser nosaltres mateixos! 161
Descobrim per a què servim! 163
Tinguem cura de les pròpies arrels! 165

PREOCUPACIONS
Pensem que podria ser pitjor! 167
Evitem angoixar-nos per les decisions preses! 169
Considerem l'error com un desviament! 171

RELACIÓ
Deixem un bon record! 173

RESPECTE
No jutgem els altres! 175

RIQUESA INTERIOR
Fem inventari d'allò que ens queda! 177

SENZILLESA
Sapiguem acceptar amb senzillesa una distinció! 179

SOMRIURE
Reconeguem el valor d'un somriure! 181
Celebrem el Dia Internacional del Somriure! 183
Somriguem! 185

SUAVITAT
Sapiguem participar amb suavitat! 187

SUPERACIÓ
Continuem empaitant papallones! 189
Portem la vida com una torxa! 191
Donem sempre una mica més! 193
No ens neguitegem davant d'un fracàs! 195

TEMPS
Parem esment de cada minut! 197
Cerquem temps per viure! 199
Aprofitem el corrent de l'aigua del riu quan passa! 201
Donem valor al nostre temps! 203
Estalviem el temps! 205

VIURE AVUI
Coneguem les cinc regles per a viure millor! 207
Apostem pel present! 209
Gaudim d'aquest dia! 211